中国古代酒具

王俊　编著

中国商业出版社

图书在版编目（CIP）数据

中国古代酒具／王俊编著．-- 北京：中国商业出版社，2014.12（2022.7 重印）

ISBN 978-7-5044-8499-4

Ⅰ．①中… Ⅱ．①王… Ⅲ．①酒-古器皿-介绍-中国 Ⅳ．①K875.24

中国版本图书馆 CIP 数据核字（2014）第 299139 号

责任编辑：刘毕林

中国商业出版社出版发行
010-63180647 www.c-cbook.com
（100053 北京广安门内报国寺 1 号）
新华书店经销
三河市吉祥印务有限公司印刷
*
710 毫米×1000 毫米 16 开 12.5 印张 200 千字
2014 年 12 月第 1 版 2022 年 7 月第 2 次印刷
定价：25.00 元
* * * *
（如有印装质量问题可更换）

《中国传统民俗文化》编委会

序言

中国是举世闻名的文明古国，在漫长的历史发展过程中，勤劳智慧的中国人创造了丰富多彩、绚丽多姿的文化。这些经过锤炼和沉淀的古代传统文化，凝聚着华夏各族人民的性格、精神和智慧，是中华民族相互认同的标志和纽带，在人类文化的百花园中摇曳生姿，展现着自己独特的风采，对人类文化的多样性发展做出了巨大贡献。中国传统民俗文化内容广博，风格独特，深深地吸引着世界人民的眼光。

正因如此，我们必须按照中央的要求，加强文化建设。2006 年 5 月，时任浙江省委书记的习近平同志就已提出："文化通过传承为社会进步发挥基础作用，文化会促进或制约经济乃至整个社会的发展。"又说，"文化的力量最终可以转化为物质的力量，文化的软实力最终可以转化为经济的硬实力。"(《浙江文化研究工程成果文库总序》)2013 年他去山东考察时，再次强调：中华民族伟大复兴，需要以中华文化发展繁荣为条件。

正因如此，我们应该对中华民族文化进行广阔、全面的检视。我们应该唤醒我们民族的集体记忆，复兴我们民族的伟大精神，发展和繁荣中华民族的优秀文化，为我们民族在强国之路上阔步前行创设先决条件。实现民族文化的复兴，必须传承中华文化的优秀传统。现代的中国人，特别是年轻人，对传统文化十分感兴趣，蕴含感情。但当下也有人对具体典籍、历史事实不甚了解。比如，中国是书法大国，谈起书法，有些人或许只知道些书法大家如王羲之、柳公权等的名字，知道《兰亭集序》

是千古书法珍品，仅此而已。

再如，我们都知道中国是闻名于世的瓷器大国，中国的瓷器令西方人叹为观止，中国也因此获得了“瓷器之国”（英语 china 的另一义即为瓷器）的美誉。然而关于瓷器的由来、形制的演变、纹饰的演化、烧制等瓷器文化的内涵，就知之甚少了。中国还是武术大国，然而国人的武术知识，或许更多来源于一部部精彩的武侠影视作品，对于真正的武术文化，我们也难以窥其堂奥。我国还是崇尚玉文化的国度，我们的祖先发现了这种“温润而有光泽的美石”，并赋予了这种冰冷的自然物鲜活的生命力和文化性格，如“君子当温润如玉”，女子应“冰清玉洁”“守身如玉”；“玉有五德”，即“仁”“义”“智”“勇”“洁”；等等。今天，熟悉这些玉文化内涵的国人也为数不多了。

也许正有鉴于此，有忧于此，近年来，已有不少有志之士开始了复兴中国传统文化的努力之路，读经热开始风靡海峡两岸，不少孩童以至成人开始重拾经典，在故纸旧书中品味古人的智慧，发现古文化历久弥新的魅力。电视讲坛里一拨又一拨对古文化的讲述，也吸引着数以万计的人，重新审视古文化的价值。现在放在读者面前的这套“中国传统民俗文化”丛书，也是这一努力的又一体现。我们现在确实应注重研究成果的学术价值和应用价值，充分发挥其认识世界、传承文化、创新理论、资政育人的重要作用。

中国的传统文化内容博大，体系庞杂，该如何下手，如何呈现？这套丛书处理得可谓系统性强，别具匠心。编者分别按物质文化、制度文化、精神文化等方面来分门别类地进行组织编写，例如，在物质文化的层面，就有纺织与印染、中国古代酒具、中国古代农具、中国古代青铜器、中国古代钱币、中国古代木雕、中国古代建筑、中国古代砖瓦、中国古代玉器、中国古代陶器、中国古代漆器、中国古代桥梁等；在精神文化的层面，就有中国古代书法、中国古代绘画、中国古代音乐、中国古代艺术、中国古代篆刻、中国古代家训、中国古代戏曲、中国古代版画等；在制度文化的层面，就有中国古代科举、中国古代官制、中国古代教育、中国古代军队、中国古代法律等。

此外，在历史的发展长河中，中国各行各业还涌现出一大批杰出人物，至今闪耀着夺目的光辉，以启迪后人，示范来者。对此，这套丛书也给予了应有的重视，中国古代名将、中国古代名相、中国古代名帝、中国古代文人、中国古代高僧等，就是这方面的体现。

生活在 21 世纪的我们，或许对古人的生活颇感兴趣，他们的吃穿住用如何，如何过节，如何安排婚丧嫁娶，如何交通出行，孩子如何玩耍等，这些饶有兴趣的内容，这套“中国传统民俗文化”丛书都有所涉猎。如中国古代婚姻、中国古代丧葬、中国古代节日、中国古代民俗、中国古代礼仪、中国古代饮食、中国古代交通、中国古代家具、中国古代玩具等，这些书籍介绍的都是人们颇感兴趣、平时却无从知晓的内容。

在经济生活的层面，这套丛书安排了中国古代农业、中国古代经济、中国古代贸易、中国古代水利、中国古代赋税等内容，足以勾勒出古代人经济生活的主要内容，让今人得以窥见自己祖先的经济生活情状。

在物质遗存方面，这套丛书则选择了中国古镇、中国古代楼阁、中国古代寺庙、中国古代陵墓、中国古塔、中国古代战场、中国古村落、中国古代宫殿、中国古代城墙等内容。相信读罢这些书，喜欢中国古代物质遗存的读者，已经能掌握这一领域的大多数知识了。

除了上述内容外，其实还有很多难以归类却饶有兴趣的内容，如中国古代乞丐这样的社会史内容，也许有助于我们深入了解这些古代社会底层民众的真实生活情状，走出武侠小说家加诸他们身上的虚幻的丐帮色彩，还原他们的本来面目，加深我们对历史真实性的了解。继承和发扬中华民族几千年创造的优秀文化和民族精神是我们责无旁贷的历史责任。

不难看出，单就内容所涵盖的范围广度来说，有物质遗产，有非物质遗产，还有国粹。这套丛书无疑当得起“中国传统文化的百科全书”的美誉。这套丛书还邀约大批相关的专家、教授参与并指导了稿件的编写工作。应当指出的是，这套丛书在写作过程中，既钩稽、爬梳大量古代文化文献典籍，又参照近人与今人的研究成果，将宏观把握与微观考察相结合。在论述、阐释中，既注意重点突出，又着重于论证层次清晰，从多角度、多层面对文化现象与发展加以考察。这套丛书的出版，有助于我们走进古人的世界，了解他们的生活，去回望我们来时的路。学史使人明智，历史的回眸，有助于我们汲取古人的智慧，借历史的明灯，照亮未来的路，为我们中华民族的伟大崛起添砖加瓦。

是为序。

傅璇琮

2014 年 2 月 8 日

前 言

远古之时，我们的祖先没有饮食器皿。当时喝水也是直接俯身于溪流泉渊之中，或用手捧起来喝。后来，他们为了保存和传递饮用的水，就开始利用某些不漏水的自然物当容器，如动物的头骨、植物的大叶子、蚌壳、葫芦、椰壳和竹筒等，这比用手捧水自然是前进了一大步。火的利用，是人类开始征服自然的转折点。从这以后，人类不仅开始改用熟食，而且也逐步迈向了饮食器皿的新领域——陶器。

我国酿酒的历史源远流长，人类自开始饮酒，便有酒器。早在新石器时代的龙山文化遗址就出土了大量樽、壶等形体古朴的酒器。1983 年在陕西眉县出土了 9 只酒杯和 1 只陶葫芦酒壶，属原始社会新石器时代仰韶文化早期偏晚的遗物。至商周青铜器鼎盛时期，青铜酒器也应运而生。春秋时期，酒器已发展到较高水平，如酒壶上制有龙凤等美丽图案的纹饰。汉代，又出现了玻璃杯、海螺杯。汉朝以后豪族显官的酒宴上，出现了金杯和银杯。唐宋以后各代的酒器，大多为陶瓷制成。古人对酒器很重视，有“非酒器无以饮酒，饮酒之器大小有度”的讲究。

古代不少文学家、诗人，不但爱饮酒，而且写下了不少赞美酒器的诗文。东晋文学家、训诂学家郭璞在《尔雅注》中说：“螺大如斗，出日南涨海中，可以酒杯。”汉代文学家司马迁在《鸿门宴》中的“沛公奉卮酒为寿”是对饮酒及酒器的描写。唐代诗人赞酒器的诗很多，如李白的“美酒樽中置千斛”“举杯邀明月，对影成三人”“飞羽觞而醉月”“兰陵美酒郁金香，玉碗盛来琥珀光”等；杜甫的“十觞亦不醉，感子故意长”；王昌龄的“一片冰心在玉壶”；张籍的“渌酒白螺杯，随流去复回”；王翰的“葡萄美酒夜光杯”等诗句，都是赞美酒和酒器的千古名句。

随着人类社会的发展，酒器的形式、种类也不断换代更新，并逐步形成系列化的成套酒具。现在我国的酒具以瓷质为主，玻璃次之。用这些原料制成的酒具，精白纤细，透明度高，使杯中酒泛出粼粼波光，令人赏心悦目，不但是相当精美的工艺品，而且“秀色可餐”，能起到促进饮（食）欲的作用。

历史发展到今天，人们对酒的偏爱依然热情不减。在这样的背景之下，就催生了历朝历代多种多样的酒具与酒器，让我们一同回到历史，悉心品味吧！

目录

第一章　历史长河酒飘香——古代酒具

第二章　唐朝之前的酒具

第三章　唐宋元时期的酒具

第一章

历史长河酒飘香——古代酒具

远古时期，随着农业的兴起，人们不仅有了赖以生存的粮食，同时还可以用谷物作酿酒原料。陶器的出现，人们开始有了炊具；从炊具开始，又分化出了专门的饮酒器具。远古时期的酒，是未经过滤的酒醪，呈糊状和半流质，对于这种酒，就不适于饮用，而是食用。故食用的酒具应是一般的食具，如碗、钵等大口器皿。远古时代的酒器制作材料主要是陶器、角器、竹木制品等。让我们就从谈酒开始，品读一下我国古代的酒器文化吧！

第一节 酒的起源与发展简史

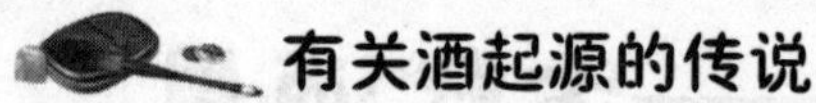

有关酒起源的传说

关于酒的发明，自古以来有种种不同的传说。如古猿造酒说、杜康造酒说和仪狄造酒说等。其中，古猿造酒说只是在唐李肇的《国史补》、明李日华的《紫桃轩又缀》、清李调元的《粤东笔记》和清代笔记小说《粤西偶记》等野史中提到，不可为据。目前，最流行的说法还是杜康造酒说和仪狄造酒说。

据文献记载：杜康“有饭不尽，委之空桑，郁结成味，久蓄气芳，（造酒）本出于此，不由奇方”。意思是说杜康把吃剩的饭放在树洞中，时间久了发酵，气味芬芳，于是就产生了酒，而根本不是由什么人用奇妙的秘方有意识地酿造出来的。据考，杜康这个传说人物所处的时代，最早不过尧舜时期，算来也不过四五千年的时间。而据可靠资料证实，在尧舜之前就已有多种酒器存在，这就给杜康造酒说者出了一道难题。

《战国策·魏策》记载：“昔者帝女令仪狄作酒而美，进之禹，禹饮而甘之，遂疏仪狄，绝旨酒。”有人据此说仪狄是酒的发明者。这种说法其实是不可靠的，这里只说仪狄做的酒甘美，并未肯定是仪狄首创酒。另有人说：“酒之所兴，肇自上皇，成于仪狄。”即酒的发明可能追溯至远古，而仪狄对前人的造酒成就进行总结提炼，推陈出新，这是比较可信的说法。

由此看来，传说中的杜康和仪狄都不可能是最早造酒的人。那么酒的真

正发明者是谁呢？恐怕现在谁也说不清楚了，但通过考古发掘得来的信息，至少可以使我们对酒的起源时间有一个大致的了解。

目前，考古发掘中出土了许多古代酒的实物资料和与酒有关的器具，这些都足以使我们了解中国古代酿酒之源。

山西平陆县曹川乡西汉墓出土的一件铜卣，封存着320毫升黄绿色浑浊液体，经鉴定是西汉酿酒。河北中山县战国中山王墓出土的铜壶中也盛有酒，出土时分别呈墨绿色和淡橙翡翠色。经北京市发酵研究所鉴定，其中含有酒精，根据其所含有关物质分析，认定是以乳汁或谷物为原料而酿造的酒。安阳殷墟和山东滕州晚商墓葬中出土的酒具铜卣和铜壶中，也发现盛装有液体，据认为是商代酿造的酒。另外，河北藁城台西中商遗址中发现一个大型酒瓮，瓮中发现灰白色的物质，经鉴定是商代的黄酒残渣，其中包含有酵母菌。这一发现，给《尚书》“若作酒醴，尔惟曲蘖”一句作了很好的注解。

除了这些酒的实物资料外，殷商甲骨文中也有用酒祭祀神灵祖先的记载，商代青铜器铭文中也记载有用酒作祭祀品（菏泽铜卣及其铭文拓片）的现象，并且商墓中常出土青铜酒器，有的成套成组地出土。因此，商代已有酒是千真万确的事实。

比商代更早的酒的实物资料至今还没有发现，但是，商代以前的酒器却已发现很多。例如，夏代的铜斝、爵、陶器、盉、觚，龙山文化的蛋壳黑陶杯、黑陶罍、白陶鬶，大汶口文化的陶樽、高柄杯、兽形鬶，仰韶文化的彩陶壶、杯等，皆是一些精美的酒器。

综合上述现有的考古发现，我国酒具的产生至少有6000年的历史，而酒的起源应在酒具产生之先，亦应不晚于距今6000年前的仰韶文化和大汶口文化时期。

葡萄酒的来历

我国是世界上酿造葡萄酒最早的国家之一，距今约2000余年前就已开始酿造葡萄酒。号称葡萄王国的法兰西，直到公元600年前后始出现葡萄酒，比我国晚了七八百年。

葡萄酒

在我国古代，“葡萄酒”又称“蒲桃酒”或“蒲陶酒”。“西域开，汉节回。得蒲桃之奇种，与天马兮俱来”。赋中说张骞出使西域，带回葡萄之种，使得葡萄的种植成为可能。《史记·大宛列传》记载:“宛左右以蒲陶为酒，富人藏酒至万余石，久者数十岁不败。俗嗜酒，马嗜苜蓿。汉使取其实来，于是天子始种苜蓿、蒲陶肥饶地。及天马多，外国使来众，则离宫别馆旁尽种蒲陶、苜蓿极望。”这是有关我国葡萄栽培的最早记载，它说明在汉武帝时期，人们就已经知道葡萄可以酿酒，并在长安一带种植。

东汉灵帝时，宦官张让得到扶风孟佗赠送的一斛葡萄酒，就让他当上了凉州刺史，留下了“斗酒拜刺史”的笑料，由此可以想到当时葡萄酒之珍贵。

唐宋时期，葡萄酒的酿制较为普遍，且工艺复杂，种类繁多。宋朱翼中《北山酒经》就记载有十分详备的葡萄酒酿制方法，是我国珍贵的文化遗产。

在元代，葡萄酒被当作祭祀品使用，元世祖就曾在太庙的祭祀用品中增设了葡萄酒一项。1958 年 7 月，在内蒙古一座元代墓葬中，出土了一件黑釉小口瓶，肩部有“葡萄酒瓶”四字。出土“葡萄酒瓶”的墓葬规模并不大，应是较为富有的平民墓葬。由此看来，元代时葡萄酒的产量有大幅度增加，葡萄酒并不像以前那样为豪门所独有，富有的平民百姓也可问津。

知识链接

仪狄造酒

在我国许多史籍中，仪狄曾屡屡被记载为一名十分出色的造酒专家。仪狄是造酒鼻祖的提法最早出自先秦时期的一部名为《世本》的著作。该

书称："仪狄始作酒醪，变五味。""醪"，原指那些发酵后准备出酒的谷物原料，经过压榨处理后变成糟滓。其性湿味甜，色白质软，完全可以食用。所以古时的酒又有"酒醪"的称法。为了节省粮食，避免过分浪费，在很长一段时期，古人是把酒汁连同糟块一起进食的。《世本》以记载先秦王公世系为主要内容，作者已无从查考，原书也早已亡佚，现存的文字出自清人辑本。不过，在《吕氏春秋》《战国策》《史记》《说文解字》等著作中，都出现过类似的记载，这就使得有关仪狄造酒的问题变得越发扑朔迷离。

根据叙事比较完整的《战国策·魏策一》记载：从前，夏禹的妃子曾委派仪狄去专门负责酿酒工作。仪狄经过一番努力，酿造出了一种味道十分醇美的酒液，随即把它呈献给禹王。禹王一品尝，发觉鲜美异常。照理说应该对仪狄奖赏一番，可是出乎人们的意料，禹王非但没有显得高兴，反倒一脸严肃。仪狄退后，禹王忧叹道："我真担心将来会有人贪图此等美物而丧家亡国。"自此竟疏远了仪狄，不再委以重任，还下令禁止这种酒的进一步推广生产，史称"绝旨酒"。如此一位怀有一技之长的人才，糊里糊涂地蒙受了冷遇，实在令人惋惜。当然，禹王所叹绝非杞人忧天，后来的统治者不幸屡被言中，也算是禹王的一种先见之明吧！

烧酒的发明

中国的烧酒（俗称"白酒""白干"，学名"蒸馏酒"）始创于何时，一直是科技史界争论不休的问题。目前主要有东汉说、唐代说、宋代说和元代说四种观点。查其依据，主要来自古代史籍和诗赋中关于酒的描述和造酒方法的介绍等，由于大家对这些材料的理解和解释不同，结论便互不相同。

在我们的考古发现中，目前已发现多件与烧酒有关的蒸馏器具。1975 年，在河北省承德地区发现一套金代黄铜蒸馏器。器高 41.6 厘米，上下套合而成。在安徽灭长县汉墓中曾发现一套青铜蒸馏器，由一甑一釜组成，甑上有盖，周边有槽，槽边有流，可释放冷却水，是学术界公认的现存年代最早的而又完整无缺的青铜蒸馏器，上海博物馆从废铜中也曾拣选到一套与安徽汉墓所出相同的汉代青铜蒸馏器具。这说明，我国汉代已有相当完备的成套蒸馏器，并可生产质量不错的烧酒。如此一来，长沙马王堆一号汉墓遣策 172 号竹简上所记载的“漆画枋二，有盖，盛白酒”这句话，就不为虚言妄语了。

此外，殷墟妇好墓中出土一件青铜器柱甑，显然具有蒸馏的功能，可用于提取蒸馏酒。可见，我国烧酒最迟在汉代就已被生产出来，而其源起可能会上溯到商代晚期。

古代的酒名

据考古学家考证，河南安阳出土的甲骨卜辞中的“泔”字就是“酒”字，这是我国有关酒的最早文字记载。

古代的酒大体上分为直接发酵的果酒、发酵压榨酒和蒸馏酒三大类。我国是世界上最早用曲酿酒的国家，时间最迟不晚于公元前 200 年。相传起初酿酒所用的酒母是人用齿嚼了谷类之后，再以唾液使之糖化而成，后来才用麦蘖（麦芽）发酵。《法苑珠林》记载：“酒有两种：谷酒、木酒。谷酒者，以诸五杂米作酒者是也；木酒者，或有根茎叶果作酒者是也。”可见，制酒的原料也非常广泛，但以五谷为多。南方用稻谷制酒亦很普遍。到了汉代，制曲和酿造技术有了很大进步，酒的品种繁多，如醴是用稻谷酿成的，为甜酒，其味淡薄；醪为浊酒；还有清酒和一种白色酒以及祭祀鬼神用的“鬯”酒。

1977 年，从河北省平山县中山王墓出土的古酒，是 2300 年前的酒。此酒目前还在我国保存着，这是世界上最古老的酒。有人说，世界上最老的陈酒是德国维尔茨堡的“宝石酒”，它是公元 1540 年酿制的，这与我国中山王墓古酒相比，就远远不及了。

在我国历史上，酒的名称很多，数不胜数，有些酒名品读起来还很有趣味。

酋、酉、鬯、醴，这些均是酒的“乳名”，是酒最初问世时的名字。

酋在甲骨文中有多种形象的写法。从文字形象来看，它是一个容器盛入液体的东西，就是酒。酋除专指熟酒外，还指管理酒的官员。东汉郑玄注云：“酒熟曰酋。大酋者，酒官之长也。”

酉在甲骨文中写法很多，达30多种。在金铭文中又进了一步，多在酉字旁加上象征液体的笔画，最后的酒字已基本上接近现代的酒字。现代的一些专家已明确指出古代的“酉”就是现在的“酒”，后世大部分与酒有关的字，都带有酉的偏旁，也说明酉就是酒的名称了。

鬯字在古时是祭祀用酒的代称。

醴的出现也很早，在甲骨文中还没有酉字旁，只是写作像现在的“豆”字。豆字在古代是指一种容器，在它的上面再加一个曲字，是说明酒已酿好放入了容器中。从这个意义上来说，醴不仅是酒的乳名，还是早期对酒的总称。醴的酉字旁，在金铭文中就出现了，说明醴字的“资格”也是很古老的。但在春秋战国以后，人们又说醴是酒的一种，并且在后来形成了它自己的类别和风格，成为一种酒的称谓。如汉代《释名》一书中说：“醴，礼也，酿之一宿而成醴。”这说明在汉时，醴是专指一种临时制作的、质量不高的酒。后来也有人解释说：醴就是“现今甜酒”。

酒的历史与发展

我国酒的历史悠久，近几年出土的文物和有关史料可资佐证。

陕西省眉县杨家村在1983年10月出土了一组陶器，计有5只小杯、4只高脚杯和1只陶葫芦，这批古陶器的出土对酒史的研究有着十分重要的意义。

位于关中西部的眉县，自然环境优越，是古人类生活繁衍和我国古文化的主要发祥地之一。眉县文史资料记载：“眉地最早叫郃，始于新石器时代中期，距今有万年历史。”郃还是上古农业大师后稷教民稼穑的地方。

专家们对实物进行鉴定后确认：这批古陶器为酒具，属泥质红陶，烧成温度900℃，有5800—6000年的历史，是原始社会新石器时代仰韶文化早期偏晚的遗物，属于仰韶文化的史家类型。

仰韶文化出现在公元前5000—前3000年，是1927年由瑞典地质学家安特生在河南渑池仰韶村首先发现的，这个地区的古人首先掌握了农耕技术，并学会了酿酒技艺。

眉县仰韶酒器的出土，进一步提高了我国在世界酒文化中的地位。酒史称啤酒和葡萄酒分别有9000年和7000年的历史。仰韶酒器有6000年的悠久历史，这不但将我国酒文化只有四五千年历史的研究结论向前推溯了1000年，而且使我国进入了世界三大酒文化古国的行列。中国水酒也是世界上最古老的酒种之一。

后来又发现了有关我国酿酒的新史料：即在陕西临潼自家村遗址，考古发现了距今约8000年以前的新石器时代的酿酒工具“滤缸”。这说明，我国在8000年前，就已经发明了酿酒法。

在几千年漫长的历史过程中，中国传统酒呈阶段性发展。

公元前4000—前2000年，即由新石器时代的仰韶文化早期到夏朝初年，第一个阶段。这个阶段，经历了漫长的2000年，是我国传统酒的启蒙期。用发酵的谷物来泡制水酒是当时酿酒的主要形式。这个时期是原始社会的晚期，先民们无不把酒看作是一种含有极大魔力的饮料。

第二个阶段是从公元前2000年的夏王朝到公元前200年的秦王朝，历时1800年，这一阶段为我国传统酒的成长期。在这个时期，由于有了火，出现了五谷六畜，加之曲蘖的发明，使我国成为世界上最早用曲酿酒的国家。醴、酒、鬯等品种的产出，仪狄、杜康等酿酒大师的涌现，为中国传统酒的发展奠定了坚实的基础。就在这个时期，酿酒业得到很大发展，并且受到重视，官府设置了专门酿酒的机构，酒由官府控制。酒成为帝王及诸侯的享乐品，“肉林酒池”成为奴隶主生活的写照。这个阶段，酒虽有所兴，但并未大兴。饮用范围主要还局限于社会的上层，但即使是在上层，对酒也往往存有戒心。因为商周时期，皆有以酒色乱政、亡国、灭室者；秦汉之交又有设“鸿门宴”

搞阴谋者。酒被引入政治斗争，遂被正直的政治家视为“邪恶”，这使酒业的发展受到一定影响。

第三阶段由公元前200年的秦王朝到公元1000年的北宋，历时1200年，是我国传统酒的成熟期。在这一阶段中，《齐民要术》《酒浩》等科技著作问世；新丰酒、兰陵美酒等名酒开始涌现；黄酒、果酒、药酒及葡萄酒等酒品也有了发展；李白、杜甫、白居易、杜牧、苏东坡等酒文化名人辈出。各方面的因素促使中国传统酒的发展进入了灿烂的黄金时代。酒之大兴，是始自东汉末年至魏晋南北朝时期。这主要是由于当时长达两个多世纪的战乱纷争，统治阶级内部产生了不少失意者，文人墨客，崇尚空谈，不问政事，借酒浇愁，狂饮无度，使酒业大兴。到了魏晋，酒业更兴盛起来了，饮酒不但盛行于上层，而且普及民间的普通人家。这一段落的汉唐盛世及欧、亚、非陆上贸易的兴起，使中西酒文化得以互相渗透，为中国白酒的发明及发展进一步奠定了基础。

第四阶段是由公元1000年的北宋到公元1840年的晚清时期，历时840年，是我国传统酒的提高期。其间由于西域的蒸馏器传入我国，从而导致了举世闻名的中国白酒的发明。明代李时珍在《本草纲目》中说：“烧酒非古法也，自元时起始创其法。”又有资料提到“烧酒始于金世宗大定年间（1161年）”。在属于这个时期的出土文物中，已普遍见到小型酒器，说明当时已迅速普及了酒浓度较高的蒸馏白酒。从此，这800多年来，白、黄、果、葡、药五类酒竞相发展，绚丽多彩，而中国白酒则深入生活，成为人们普遍接受的饮料佳品。

自公元1840年到现在，历时约150年，为第五阶段，是我国传统酒的变革期。在此期间，西方先进的酿酒技术与我国传统的酿造技艺争放异彩，使我国酒苑百花争艳，春色满园；啤酒、白兰地、威士忌、伏特加及日本清酒等外国酒在我国立足生根；竹叶青、五加皮、玉冰烧等新酒种产量迅速增长；传统的黄酒、白酒也琳琅满目，各显特色。

第二节 古色古香的酒具

早在酒出现以前，各种自然物器皿和陶器的用途是贮存、传递水和食物以及饮食时的器皿。当时，陶器既不像动物头颅骨、植物叶那样易于腐烂变质，又具有可随人们的意愿制成各种形状器皿的优点，所以它一出现，就以胜于各种自然器皿的优势而受到人们的喜爱。一器多用是当时的特点。直到酒类出现后，这种一器多用的特点还一直延续了很长时间，直到今天这种现象还存在。比如有时人们饮酒时还常常用饭碗来盛。由此可见，在酒类出现以后，除了一部分陶器属于典型的酒具外，其他的酒具往往是与饮食器皿交叉互用的。

古代酒具的分类

正是由于酒在中国古代社会中扮演着重要的角色，所以酒器也就备受重视，地位尊崇。也正是因为其作用特殊，古代酒器也就种类繁多，形态各异，可谓五彩缤纷，无奇不有。

根据酒器的质地，可把古代酒器分为十二种，即陶器、瓷器、漆器、玉器、青铜器、金银器、玻璃器、象牙器、兽角器、蚌贝器、竹木器、匏瓠器等。

从用途上，则可分为六大类，即盛储器、温煮器、冰镇器、挹取器、斟灌器、饮用器等。另外，还有酿酒和娱酒器具。

盛储器主要包括：缸、瓮、樽、罍、瓿、缶、彝、壶、卣、鐳、枋、榼、榼、瓶、罐等。

温煮器主要有：盉、鬶、卑、樽、铛、爵、炉、温锅、注子等。

冰镇器有：鉴、缶、樽、盘、壶等。

挹取器有：勺、斗、瓢等。

斟灌器有：盉、鬶、斝、觥、执壶、注子等。

饮酒器有杯、爵、觚、觶、角、羽觞、卮、觥、铆、碗盅等。

娱酒器主要包括骰子、令筹、箭壶、金箭、酒牌令等。

酿酒器有发酵器、澄滤器等。

当然也有不少器物是一物多用，如爵既是饮酒之具，也可用于温酒；盉、斝、鬶、注子等酒器，不仅可温酒，也可以作为斟灌器使用。

青铜酒器

古代酒具的发展阶段

综观历史，可以发现各种质料酒器的发明时间表：

新石器时代：陶酒器和漆酒器；

夏代：青铜酒器；

商代：原始瓷酒器和象牙酒器；

两周时期：金银酒器；

汉代：瓷酒器、玉酒器和玻璃酒器。

这些不同质料的酒器，皆有其各自的兴衰过程。

古代铜爵

陶酒器从新石器时代一直流行到商代，商代以后就退居次要地位，但一直没有绝迹，至今仍在使用。漆酒器出现于新石器时代，但直到东周时才大放光彩，至汉代达到顶峰，此后便颓然衰落。青铜酒器始见于夏代，鼎盛于商周，东周时开始萎缩，汉代时仍有一些铜酒器，再以后就比较少见了。瓷酒器在商周时期比较珍稀，秦汉亦不多见，魏晋以来大兴于世，唐宋时期推陈出新，明清时期再显高潮。金银酒器始见于东周，盛于隋唐，至辽金时期依然流行，此后虽至明清不绝，但不再盛行于世。玉酒器自汉代开始步入高潮，到唐朝相当兴盛，后流行不绝。玻璃酒器一直没有形成大气候，始终是个陪衬者，角、牙酒器也与玻璃酒器一样，没有扮演过主角。这可能与玻璃生产难度大和名贵的角、牙等原料稀少有关。

综观中国古代酒器的演进历史，可以看出，在古代社会生活中流行的酒器，先后是陶器→青铜器→漆器→瓷器，而其他种类的酒器则皆未占据过主导地位。

以时间为线索，我们可以把中国古代酒器的发展演进历史，粗略地划分为五个阶段：

第一阶段，新石器时代和夏代，流行陶酒器，以鬶、盉、杯、壶、罍、爵为主要器类，出现铜、漆酒器。

第二阶段，商代和两周时期，流行青铜酒器，主要器类有爵、鬶、觚、斝、壶、樽、彝、罍、瓿等。此外，也有使用陶酒器的，如商代晚期以陶觚、爵为主的酒器组合，还有原始瓷樽、瓷罍、漆觚、漆斝和象牙杯等。

第三阶段，东周和秦汉时期，大体上是青铜酒器和漆酒器并重。青铜酒器主要有壶、鉴、缶、樽、斝、钟、钫等，另外还有著名的青铜合卺杯；漆

酒器主要有耳杯、樽、卮、扁壶、枋、罍。青铜酒器和漆酒器的消长关系是青铜酒器逐渐衰微，漆酒器日益兴盛。另外还有少量金银、玉、瓷、玻璃、象牙等酒器，器形多属杯、卮、壶之类。陶酒器仍有存在。此时开始出现各种娱酒器具，主要有箭壶、骰子等。

第四阶段，魏晋至隋唐时期，瓷酒器日见发达，包括有壶、樽及各式酒杯、注子、温碗等，玉酒器逐步繁荣，主要是耳杯、杯盏等。除瓷酒器和玉酒器主领风骚外，金银酒器也羽翼渐丰，争奇斗艳，器形主要以壶、盏、杯为大宗。漆酒器迅速败落，黯然失色。

第五阶段，宋元至明清时期，瓷酒器完美普及，主要器形有经瓶、梅瓶、执壶、温碗、高足杯、压手杯等，金、银、玉酒器光彩不减，器形主要是饮酒器和注酒器，如杯、盏和执壶等，除此之外，还有温酒器和娱酒器等，如金温酒锅和箭壶。玻璃酒器在清代虽有所进展，却仍不为大众所奢望，器形主要是酒杯。

知识链接

杜康造酒

杜康造酒的说法在我国民间一直最具影响力，汉末政治家曹操一句“何以解忧，唯有杜康”的由衷感叹千古传唱，更显推波助澜之功，将杜康打扮成为中国家喻户晓的造酒祖师，使杜康广得后世人们的景仰与尊崇。如果从行业神的角度来考察，杜康无疑是历史上最先被人们普遍认可和定期祭奉的酒业祖神。在我国的许多地方都修建有大小不等的“杜康祠”，常年供人礼祭。“杜康”二字更当仁不让地成为醇酒佳酿的绝美代称。

那么，杜康又是何许人呢？

据《说文解字·巾部》释：“古者少康初作箕、帚、秫酒。少康，杜康

也。”启袭禹位，标志了中国历史上第一代王朝的正式诞生。继启登位的太康荒淫无道，被夷族酋长后羿乘机夺位。但后羿随即又被自己的亲信寒浞取代。太康逃到同姓部落斟郡那里，后羿灭掉斟郡，拥立仲康。仲康之子相逃奔商丘，遭到夷族的讨伐。此时，相的妻子后缗正怀有身孕，她逃到有仍氏，生下了少康。后来，寒浞想斩草除根，派人捉拿少康。少康无奈，跑到有虞氏的地盘，做了那里的庖正（掌管膳食之类的小官）。少康很有才能，而且富有反抗精神。他纠合同姓，在有虞氏的鼎力帮助下，终于战胜寒浞，恢复了王位，历史上称为“少康中兴”。

《说文解字》既认为杜康应解作少康，那么少康身为帝尧的后裔，身膺国主的樽位，又亲自操持过庖厨之业，不论是地位还是经验，造酒对他来说，都可谓小事一桩。但这样一来，在时间上要晚于禹王执政的年代，少康造酒始祖就难以自圆其说了。

后来，宋人窦革在《酒谱》中又特意考证了一番杜姓的来源：杜氏原出于商代的豕韦氏，武王灭商后被封于杜地（今陕西杜陵县），传至杜伯时，遭宣王诛杀，子孙举迁奔晋，始以其封地为姓。他判断杜康乃是杜伯之裔孙。据此判断，杜康在世的时间又要晚于禹王执政千余年。

史书的记载固然令人失望，可在民间，关于杜康造酒的传说却久盛不衰，迄今仍然有不少的遗迹可资后人寻访，与散漫于古籍中的零星记载形成了有趣的对照。清乾隆十七年（1752 年）修撰的《白水县志》记载：“杜康，字仲宁，相传县康家卫人，善造酒。”白水县位于今陕西省境内，康家卫村坐落在县城西七八里处，村的东头有一道被洛水长年冲击而形成的长沟，当地人称之“杜康沟”。在沟的源头有一眼泉水，名为“杜康泉”，俗传杜康取此泉水造酒，远近闻名。县志的略图上还标着杜康墓的位置。墓旁修有杜康庙，每年正月二十一，乡民们都要来此祭奠，组织热闹的赛烹活动。位于河南省汝阳和伊川之间的杜康村更是闻名已久，一条称

作杜水河的长流贯穿此村而过。《博物志》称："杜河源出牛头山，会于伊，长十里，俗传杜康酒出于此，故名。"当然，还有许多富有传奇色彩的故事代代相传，虽缺少确凿的史据，却不失为一种社会文化观念与民俗心理的生动反映。

酒具的造型与装饰艺术

饮酒不像喝水那样是生活中最基本的需求，而是一种高层次的物质和精神享受，因此，酒器总比其他饮食器具要精致得多。几乎从酒器一出现，人们就十分注意酒器的造型与装饰。

早在新石器时代，便有了仿照动物形象而制作的肖形酒器，如仰韶文化的鹰形陶樽、人形陶瓶，大汶口文化的狗形和猪形陶鬶，良渚文化的龟形和水鸟形陶壶等，均生动逼真，别有情趣。新石器时代陶酒器在装饰上也颇为讲究，或者绘以色彩瑰丽的彩色花纹，或者雕刻神秘奇怪的动物和几何纹图案。用高岭土制作的白陶鬶，洁净坚实，雅致宜人；而经特殊工艺烧造的黑陶罍，黑亮如漆，光鉴照人；蛋壳陶杯，胎薄、体轻，鬼斧神工，堪称瑰宝。

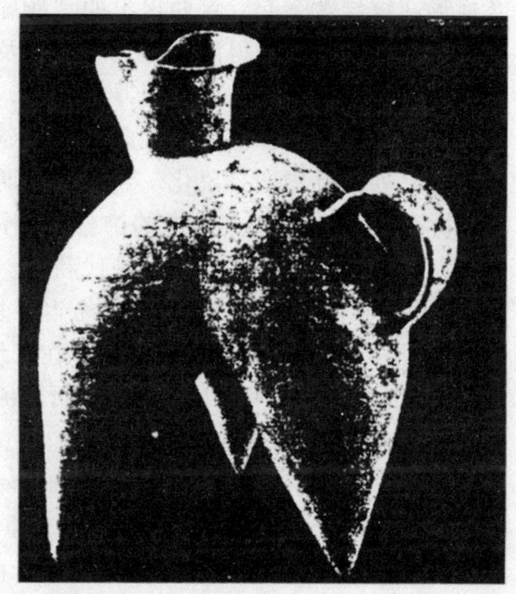

良渚文化的遗物——象形酒具白陶器

商周时期以青铜酒器为大宗，其他酒器如陶酒器、原始瓷器、象牙器和漆器则为辅助。商周时期的青铜酒器，谱写了青铜雕塑艺术史上的辉煌篇章。

首先，是肖形青铜酒器取材广泛，造型优美，但凡生活中常见的动物，如马、牛、羊、豕、虎、象、兔、犨、鹗、鸷，甚至日常罕见的犀等，都被用作青铜樽的铸仿原模，而且模仿准确，刻画细腻，惟妙惟肖。驹樽生动活泼，羊樽清纯吉祥，豕樽雄浑奇健，虎樽威猛壮观，鹗樽神秘怪……兽形铜觥，则往往集多种动物于一体，亦兽亦鸟，神奇诡秘。著名的"虎食人铜卣"，不仅人兽逼真，而且内涵丰富，把青铜雕塑艺术发展到表现社会现象乃至故事情节的高度。

其次，商周青铜酒器的装饰艺术更是丰富多彩。商代晚期和西周初年，青铜酒器上的花纹图案务求精细繁复，不惜工本，从平面装饰到立体装饰，花样迭出，其中著名的"龙虎樽"和"四足方体益"等，成功地运用了阴刻、浅浮雕、高浮雕及圆雕等多种艺术形式，使之豪奢华丽，堪称一绝。图案以狞厉诡秘的饕餮（以龙为主体）为大宗，一派肃严规整之气，极少轻松活泼之风。西周后期的青铜酒器，则由继承商代和西周初年的艺术成就，逐渐转向追求活泼明快，流畅奔放之艺术效果的新风尚。几何形花纹异常突起，陕西出土的"颂壶""瘐壶"等青铜酒器，把这种崭新的艺术风格发挥得淋漓尽致。东周及秦汉的青铜酒器，不但承袭了商代和西周时期流行仿生肖形铜器的习惯，而且也继承了西周青铜装饰艺术的新格调，图案内容世俗化倾向较为明显，建筑、人物、鸟兽、花卉等皆在表现之列，且皆已具象化。到东周时期，图案更加具象，有的直接附加与实际存在的动物完全一样的饰件，如河南省新郑的"莲鹤方壶"上的鹤鸟，就与真的鹤鸟无异，开一代新风。

我国古代的漆酒具出现较早，至迟在夏商时期就已出现，只是保存下来的很少。东周及秦汉时期的漆酒器，在花纹图案方面有独到的艺术成就。有的花纹描绘细致，栩栩如生，有的似行云流水，优雅畅快，而其色彩的调配，则力求对比鲜明、豪爽热烈。

最早的瓷酒器出现于商初，由于制作质量较差，被称为"原始瓷"。较为成熟的瓷酒器产生于汉代，造型浑厚凝重，釉色沉而不浮，花纹疏朗典雅。汉代以后的瓷酒器，造型由雄浑转秀丽，由凝重到灵巧；釉色千变万化，似玉类冰；图案内容丰富多彩，典雅的贴画、奔放的舞蹈、醉人的诗篇、脍炙

人口的典故、生动活泼的动物，都可成为装饰图案。釉彩方式各不相同，有釉上彩、釉下彩、青花、斗彩，五光十色，让人目不暇接。

唐宋金银酒器，开创一代新风，一派大国盛世气象，生活气息浓厚。造型略显单一，重视器体上的图案花纹，如花卉鸟兽，情趣盎然；驰马射猎，场面壮观；人物故事，形象生动。在艺术风格上追求豪华与典雅，凡龙、凤、龟、鱼、天马、神鹿、孔雀、鸳鸯、鹦鹉、鸿雁、牡丹、莲花，都是金银酒器装饰图案的突出主题，一派祥和、富足和强盛之气，充分体现了大唐盛世的社会状况。

元明清时期，主要以瓷酒器和金银酒器为主，泱泱大国的思想渗透其中。上层社会饮酒者所用的瓷器和金银器，有的诗文墨彩，高尚典雅，有的金玉珠宝，极尽奢华。平民百姓的酒器则平素无华，表现出百姓恬淡和无争的心态。

名贵材料制成的酒具

用金、银、玉石、水晶、玛瑙、象牙等名贵材料制成的酒具自商代以来，便成为宫廷、官宦和富商的酒宴上夸富斗奇的奢侈品。自唐宋以后，许多上等的酒楼也多用金银制的酒具招待客人。下面简要介绍其中的几种：

1. 玉石酒具

“兰陵美酒郁金香，玉碗盛来琥珀光”。玉石酒具历来被人们视为上等的珍品。有玉樽、玉壶、玉杯、玉酒缸等。蒋一葵在《长安客话·皇都杂记》里记载了元朝广寒殿里有一个可贮酒三十余石的黑玉酒缸，玉缸在黑玉上的白纹理上随其形雕琢了一些鱼兽和波涛。缸中盛上酒后，便可显出这些活灵活现的鱼兽，精美异常。

2. 金银酒具

金银酒具在文献和出土传世文物中多见。西安南郊何家村发现两瓮唐代皇室窖藏文物中，就有大量的金银酒具，如环柄八曲杯、环柄八棱杯、耳杯、高足杯、三足酒铛等。《东京梦华录》所记北京京城的大酒店，其饮酒器具多为银

器，"以至贫下人家，就店呼酒，亦用银器供送"。

妇好墓象牙杯

北京故宫博物院藏有许多金银酒具，其中有一件元代著名银工朱碧山制作的银酒槎，造型巧妙，是以白银铸胎经雕刻而成的。银槎形状为一古树，下坐一读书的老者，古树中空以盛酒饮酒。银槎上有"百杯狂李白，一醉老刘伶。知得酒中趣，方留世上名。"的铭文。另外，明代银方斗形套杯也很有特色，是由 12 个依次渐小的方斗杯组成的，每个酒杯底部都刻有"竹林七贤""青莲酒肆"一类的铭文。

3. 景泰蓝酒具

景泰蓝自明代宣德年间创始后，到景泰年间广为流行。景泰蓝酒具有壶、杯等，是上层人物和富商酒宴上的用具。景泰蓝酒具虽比不上金、银、玉石酒具名贵，由于它制作工艺复杂，售价较高，一般人家也用不起。

多姿多彩的少数民族酒具

茫茫草原之上，皑皑雪山脚下，密林峡谷之中，我国许多少数民族在这里繁衍生息着。他们有着不同的生活方式，也有着多姿多彩的饮酒器具。北方游牧民族多使用皮革、兽角制成的酒具；两广沿海一带的少数民族喜欢用海螺壳饮酒；西南地区少数民族多用椰壳、竹筒、禽爪杯饮酒，这都是就地取材的必然选择。

少数民族常用的酒具有：

珍贵的景泰蓝酒具

1. 角杯

我国北方游牧民族和西南少数民族常用的酒具，是用兽角和畜角制成的，包括牛角杯、羊角杯和犀角杯等。这些角杯大小不一，种类繁多，其中彝族的角杯讲究饰漆彩绘或镶嵌玉石，美观精致。角杯都成对组成，并且多在角端钻孔或者留有突结，便于用绳拴系。

2. 禽爪杯

西南少数民族地区常见的饮酒具，是用木胎或皮胎碗与禽爪构成的高足

状酒杯。彝族的禽爪杯有鹰足和雁足两种。杯上部是皮碗、木碗或竹碗，下安上禽足（鹰、雁爪），四爪展开为杯足。

3. 畜足杯

这种杯是用猪、牛等家畜的蹄子制成的。其制法是取来猪或牛的足，包括蹄上一段肢骨，然后取出肢骨留下皮，用刮削工具将皮内刮净装入木制的杯模，同时将蹄子撑开作为杯足，形成三足鼎立之势，最后经过阴干修整而成。畜足杯的杯口和杯身向一方自然倾斜，保持了天然畜足的姿态。

4. 皮革酒具

我国北方、南方许多少数民族多使用皮革酒具盛酒。一种是羊皮酒囊，是将羊皮完整地扒下来，去掉头和四肢，经过揉制，除留一腿为囊口外，其余的孔眼皆扎住。另一种是选用皮厚的兽畜皮（多用牛皮）为原料，先用水将皮料泡软，然后根据所要做酒具的形状剪好皮料，再放在水里浸泡。同时以木、石等做成酒具的模型，然后把泡好的皮料紧紧地绷在模型上，把剩余的皮子割去，取出内模，皮胎就成型了。最后经过打磨、修整即告完成，有的还在皮表层施漆，加工成皮胎漆酒具。

5. 海螺杯

我国南方的一些少数民族多用南海所产的大海螺壳做酒杯。自隋唐以后，海螺杯逐渐传到内地，成为文人官宦们喜用的一种酒具。

6. 咂酒用具

咂酒是我国许多少数民族的一种用细管吸酒的方式。纳西族、普米族、羌族、藏族、佤族、景颇族、壮族、彝族、侗族、高山族和黎族等都有咂酒的习俗。咂酒的用具是由吸管（竹管、藤枝、芦管、禽翎管等）和盛酒器皿（酒坛、酒瓮、酒壶等）两部分组成的。咂酒时将吸管插在盛酒器内吸饮。

另外，用葫芦、竹筒、椰壳做成的酒具在南方少数民族地区很盛行。东北鄂伦春人用桦树皮做的酒具也别有风味。古文献中还记载有一种酒杯藤，

海螺杯

《续博物志》卷四载其花可以当酒杯用："酒杯藤出西域，藤大如臂，叶似葛，花实如梧桐。实花坚，皆可以酌酒，自有文章（指花瓣上的纹理），映彻可爱。"（《续博物志》卷四）

知识链接

"饮宗"孔子

有文献记载，孔子酒量很大，能饮百觚。

孔子（公元前551—前479年），名丘，字仲尼，鲁国陬邑（今山东曲阜）人，现在山东曲阜市还有孔庙和孔圣人坟墓。孔子为春秋末期著名的思想家、教育家，中国著名哲学派别——儒学的创始人。

孔子不但被中国历代统治者尊奉为“圣人”，而且其饮酒之论也对后世产生了很大的影响。他在《论语·乡党》中说：“惟酒无量，不及乱。沽酒市脯不食。”这句话表达了孔子自己对饮酒的看法，就是饮酒不要限制酒量，能者多喝，只要不达到昏乱的程度就可以，但是从市面上买的酒和熟肉，不吃。看来孔子对饮酒之量不加过多的限制，而对酒及下酒之肴却颇为讲究。遗憾的是，后世饮酒者对孔子所说的“惟酒无量”的理解多有偏误。一据《孔丛子·儒服》记载：“平原君与子高饮，强子高酒，曰：‘有谚云：尧舜千钟，孔子百觚，子路嗑嗑尚饮百榼，古之贤圣，无不能饮，子何辞焉?’”看来平原君是把孔子的“惟酒无量”，理解成孔子饮酒量大无比了，以致使子高不得不勉为其难。更有甚者，明代袁宏道曾因此称孔子为“饮宗”，即饮酒者之宗师。他在《觞政·八之祭》说：“凡饮必祭所始，礼也。今祀宜父曰酒圣。夫无量不及乱，觞之祖也，是为饮宗。”

对于孔子饮酒之事，自古以来就有不同的看法。有人对此大加赞赏，如袁宏道就称其为“饮宗”。孔融对此也有高论。《后汉书·孔融传》说，曹操曾经发布禁酒令，孔融上奏《难魏武帝禁酒书》说：“天垂酒星之耀，地列酒泉之郡，人有旨酒之德。尧不千钟，无以建太平；孔非百觚，无以堪上圣。”看来孔融不但把他的先人孔子与尧舜齐名，而且还把尧之建太平、孔之堪上圣皆归之于超乎寻常的酒量，实为过之，但他赞赏孔子饮酒的态度是明确的。清人梁绍壬对此有不同的看法，他在《两般秋雨庵随笔》中写道：“以仲尼为饮宗，终觉侮圣，不若推靖节先生（陶渊明）为尊，而诸子中再另选一人祀之，较为允协。”梁氏不同意以孔子为饮宗，原因只不过是怕侮圣名，而对孔子酒量过人并不否认。

第二章

唐朝之前的酒具

古代酒器就其用途而论，可分为贮酒器（供生产用）、盛酒器（供运输周转用）、卖酒器及饮酒器等类。贮酒器有樽、瓮、坛、缸、罐等；盛酒器有樽、彝、钟、盆、瓶、壶、铛、酒仓、兕、酒螺、葫芦、嗉子等；卖酒器有提、流子、流口、壶、瓢等；饮酒器有樽、钟、爵、盂、瓯、杯、盏、升、斗、瓢、角、斛、勺、觥、觯、觞、碗等。本章重点讲述我国唐朝以前的酒器与酒具。

第一节 史前酒具

最早的酒具

《史记》谓纣“以酒为池”，《正义》引《六韬》云：“纣为酒池，回船槽丘而牛饮者三千余人为辈。”这个喝酒场面蔚为壮观，也证明了纣的荒淫无道。但纣的这个做法也是有典可依的，《礼运》描述了远古时期的大俗：“汙樽而抔饮。”郑玄注：“汙樽，凿地为樽也。手不饮，手掬之也。”可见酒应当是古人的发现，自然发酵的酒被古人发现后饮用，它不可能用专用的器物去盛放，而液体的积存必定在洼处，于是召集族中众人用手捧饮之，这也是最早的酒器和酒俗。

不断发展的酒具

早在公元6000多年前的新石器文化时期，已出现了形状类似后世酒器的陶器，如裴李岗文化时期的陶器及南方的河姆渡文化时期的陶器就是有力的证明。随着酿酒业的发展、饮酒者身份的高贵等原因，使酒具从一般的饮食器具中分化出来。酒具形状质量的不同，往往成为饮酒者身份高低的象征之一。专职的酒具制作者也随之应运而生，在制造过程中，因温度差异，造型艺术的不同，需求功能的区别等，使得陶酒器呈现出多样化的发展趋势，而且几千年来一直沿袭至今。

陶酒器从陶色上可分为彩陶、灰陶、红陶、白陶、黑陶等；器形有壶、

红陶葫芦瓶

樽、鬶、觚、罍和蛋壳黑陶杯等。新石器时代不同地区的考古学文化之间差异较大，地方特色均较浓厚，表现在陶酒器的器形和组合上也各不相同。山东地区以背壶、兽形鬶、彩陶觚、磨光黑陶罍、圜底大口樽、蛋壳黑陶高柄杯、带盖高柄杯、蛋壳彩陶碗等为代表；中原地区以长颈陶鬶、陶盉、单柄杯、高领樽等为代表，斝、爵也已开始萌芽；以崧泽文化和良渚文化为代表的东南地区多以长颈陶鬶、肖形陶盉、禽鸟纹双耳壶、漏斗形流滤酒器等为代表。另外，在西北地区和长城沿线地区出土的酒器，彩绘陶酒器十分丰富，酒器形态多以罐、壶、杯等为主，具有极为浓厚的地方色彩。

古井酒文化博物馆收藏的陶酒器类型丰富，历史久远，形态各异，具有很高的观赏及文物收藏价值。

知识链接

五柳先生陶渊明

“靖节高风不可攀，此巾犹坠冻醪间。偏宜雪夜山中戴，认取时情与醉颜”。唐代陆龟蒙的《漉酒巾》诗，把陶渊明“不为五斗米折腰”的高风亮节，和不拘小节、急酒嗜饮的性格特点淋漓尽致地刻画出来。明代丁云鹏以此为创意作有著名的《漉酒图》把陶渊明急于饮酒、以葛布头巾漉酒和嗜酒成性的人物性格刻画得入木三分。

陶渊明“性嗜酒”，在《五柳先生传》中曾自况曰：“性嗜酒，而家贫不能恒得。亲旧知其如此，或置酒招之，造饮辄尽，期在必醉。既醉而退，

曾不吝情去留。”这是他对自己嗜酒成性的最好总结。他的好友颜延之也曾说：陶渊明“性乐酒德，简弃烦促，就成省旷。”因陶渊明家境贫寒，好酒而又无余资，亲旧知己多置酒招饮，或送酒上门，留下了“白衣送酒”的佳话。陶渊明虽家境贫弱，但仍舍得万钱于酒家。《宋书·陶潜传》记载：“颜延之为刘柳后军功曹，在寻（浔）阳，与潜情款。后为始安郡，经过，日日造潜，每往必酣饮致醉。临去，留二万钱与潜，潜悉送酒家，稍就取酒”，即是其证。

“性乐酒德”乃是对陶渊明最好的颂扬。陶渊明不但嗜酒，而且颇重视酒德。《宋书·陶潜传》：“贵贱造之者，有酒辄设。潜若先醉，便语客：‘我醉欲眠，卿可去。’其率真如此。”后代诗文中常以“我醉欲眠”或“我醉欲眠卿且去”来表达豪爽率真之情。李白《山中与幽人对酌》“我醉欲眠卿且去，明朝有意抱琴来”、苏轼《九日次韵王巩》：“我醉欲眠君罢休，已教从事到青州”等诗句皆受此影响。

陶渊明一生嗜酒，且酒量较大，每饮必醉。

酒，给他带来了欢愉和作诗的灵感，也带来了心灵的苦涩和身体的摧残。他在《自祭文》中曾表达过诗人的哀伤：“陶子将辞逆旅之馆，永归于本宅。故人凄其相悲，同祖行于今夕，羞以嘉蔬，荐以清酌。”由于陶渊明长期嗜酒成性，其数子皆为痴呆，使诗人饱受生活之苦，故此曾多次戒酒，并作《止酒》诗一首。所谓“止酒”就是戒酒的意思。清人郎廷极曾赞曰：陶渊明“能饮能止，真可谓游行自在”。其实并非如此，陶渊明“徒知止不乐，未知止利己”，由于长期饮酒，已是慢性酒精中毒，用现代的词来说就是患有酒精依赖症，离开酒，则无以催发其诗兴；戒酒，则无异于釜底抽薪，诗泉将会因之而枯竭，对于诗人来说，这无异于要其性命，也无疑是诗人最为可悲之处。

齐家型红陶双耳罐

罐撇口，折腰，鼓腹，平底，口沿至鼓腹部两边各有一扁形的半圆形耳，器身无纹饰。

此罐造型优美，胎体轻薄，有着一种抽象的韵律美。

高柄红陶杯

齐家文化是指中国黄河上游地区新石器时代晚期至青铜时代早期的文化。因首先发现于甘肃省广河县齐家坪遗址而命名。它上承马家窑文化，展现了黄河上游地区原始氏族公社解体和阶级产生阶段的生产水平和社会急剧变化的状况。齐家文化有一群独具特征的陶器，主要为红陶和夹砂红褐陶，还有少量灰陶。器表除外，主要是篮纹和绳纹。还有少量泥制彩陶。造型以平地器为主，也有一些圈足器与三足器。

马家窑型彩陶瓶

罐撇口，鼓腹，平底，器表面光滑，最为突出的特点是作品彩绘画法简练，瓶腹壁施黑彩画几道粗细均匀的线条，瓶口内则勾画几何形三角纹，简洁明快，极富动感，是一件较为典型的造型纹饰都极精巧的盛酒陶瓶。

马家窑文化是中国黄河上游地区新石器时代晚期的文化，因 20 世纪 20 年代初发现于甘肃临洮县马家窑遗址而得名。它上承仰韶文化的庙底沟类型，下接齐家文化。目前一般认为，它是仰韶文化晚期的一个地方分支，又名甘肃仰韶文化。它的突出特征是彩陶特别发达。纹饰繁缛多变而又具明显格律，表明画彩技术已达到成熟程度。

龙山型黑陶杯

此杯上下口尺寸相同，腹间微收，平底，扁形把镶于杯侧，便于端拿。此杯属于龙山文化黑陶的典型品种。

龙山文化是中国黄河中、下游地区约新石器晚期的一类文化遗存。1928年最早发现于山东省章丘县龙山镇城子崖。轮制漆黑光亮的黑陶和蛋壳黑陶是龙山文化最具代表性的品种。从现在发掘出土的器物看，它们都经过精细的淘洗和轮制加工工艺而成坯，再经过1000℃的高温烧制。一些器物胎体漆黑如墨、胎壁薄如蛋壳，因此又称为蛋壳陶。

大汶口文化彩陶觚

该器出土于山东省兖州市王因遗址的一座墓葬中，尖圆唇，大口外侈，曲腹较深，小平底，底沿外凸较宽。器内器外皆施红彩，器外腹在红彩地上又绘以黑彩弧线三角，犹如黑地上彩绘的红色花瓣纹一样，也许这正是几千年前东夷匠师所想达到的艺术目的。

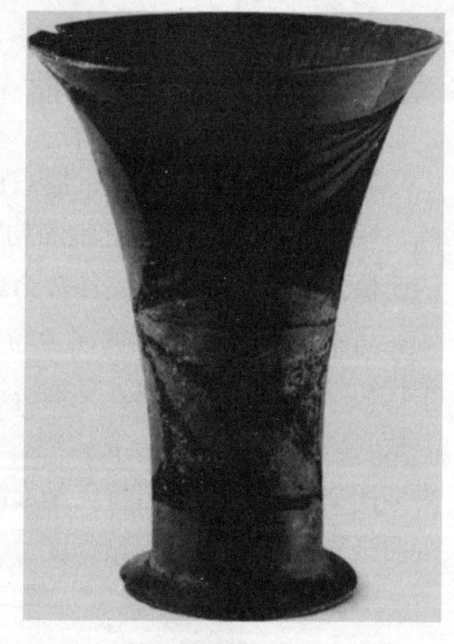
彩陶觚

觚本身是饮水、饮酒之器，最早产生于新石器时代中期。陶觚从新石器时代一直沿用到商代晚期，铜觚出现于商代早期，盛行于商代中、晚期，西周早期仍有人使用，但已不是主流。陕西省长安县普渡村西周墓中出土的铜觚，风格与商代晚期铜觚酷似，大概是流传下来的商代晚期旧物。

铜觚、爵、斝是商代青铜酒器的基本组合，但从组合关系上看，觚作为一种酒器，不可能取代斝的温灌功能，也不会代替爵的饮用功能。从历史的角度看，觚宜做饮器，若从实际应用方面考虑，也许它还兼具温、

灌、饮用等多重功能。

这件彩陶觚，制作精美，彩绘细致，颜色鲜艳，是新石器时代大汶口文化不可多得的酒器珍品。

大汶口文化兽形灰陶鬶

1974 年出土于山东省胶州市三里河遗址的兽形灰陶鬶，泥质灰陶，兽首前伸上昂，双耳立耸，张口露齿，双目前视，体较肥，四肢粗壮，从后部看，应有尾，现已残失，尾下有凸圆形肛门及雄性生殖器，背上有圆柱形器口，口后有环形宽带鋬，两侧饰锯齿纹。整个造型美观，是三里河遗址出土陶器中较精美的一件。

兽形灰陶鬶

从山东地区出土的史前陶鬶残片上偶有残留水垢，可以看山，陶鬶可能是一种温酒器具，温完之后，则可直接斟入饮酒器中。因此说，陶鬶可能具有温酒和斟酒两种功用。这件兽形灰陶鬶可能是一种以斟灌为主，兼具温酒功能的酒器。

三里河遗址位于山东省胶州市三里河村，东南为胶州湾，胶莱河及其支流环绕其外，南临南河，气候宜人。众所周知，我国沿海地区的居民自古以来就以渔猎为生，而出海特别是在较冷的季节出海，渔民一般都要喝些温酒，温酒的酒壶自然就显得极为重要。此器上面有口，便于向里面倒酒，提着上部的把手从嘴部往外倒温暖的酒，看着就是一种享受。

大汶口文化灰陶大酒樽

此樽出土于山东莒县陵阳河遗址的一座大汶口文化晚期墓葬中，口大腹深，底部尖突。外表呈灰色，遍饰篮纹，在腹的上部刻画一组图像，上为圆圆的太阳，下是五个山峰相连的山脉，中间似飘浮的云气，又像是一弯新月、一簇火焰。有人说这组图像是古代的“图腾”，但多数人认为是酒神的形象。

这种大口酒樽是大汶口文化晚期的重器之一，一般都发现于大墓之中，且数量极少。这说明一般的氏族成员是不能用这种器具酿酒的，只有地位较高的人才能使用，尤其是刻画图像的大口酒樽，只能为少数人所拥有。更有意思的是，凡随葬大口酒樽的墓葬中，都同时随葬丰富的温酒、斟酒和饮酒器具，反映出大汶口文化晚期人们对酒的喜爱和占有。

莒县陵阳河出土的这件大口樽的上腹部，刻有一个极有意思的符号，或称“刻画图像”。有学者认为这是中国汉字萌芽时期的产物；也有学者考证，这件大口酒樽上刻画的图像，就是滤酒图或酒神像。将这些神秘的图案刻画在酿酒樽的外表，寄托了大汶口文化居民对酒虔诚的希望和祈求。当时人好酒，当然希望能酿出多而美味的好酒，然而，由于酿造技术的局限，稍有不慎，就会使发酵的酒醪变酸。所以，当时人就觉得，在冥冥之中应有神灵在主宰着从粮食到酒的变化过程。为了确保能酿出美酒，人们便将想象中的酒神图像刻在酿酒器具上，希望能得到他们的保护，赐给他们美味佳酿。

良渚文化袋足陶鬶

袋足陶鬶出土于江苏省武进良渚文化遗址，是东南沿海地区良渚文化居民常用的一种斟酒器具。器呈橘黄色，小口，口边两侧内凹，前端小口成流，后端较大口径者则为注入口。颈细而矮，上腹肥硕圆鼓，下有三袋足，后面一袋足上端安一宽扁的器把，前面二袋足较直，后一足后伸。

袋足陶鬶

在良渚文化遗址中出土有较多的肖形酒器，如禽鸟纹宽把黑陶壶、鸭形壶、鸟形漏斗流滤酒器等均是极为精美的肖形酒器。其实，这件袋足陶鬶也是一件

惟妙惟肖的象形酒器，细细的脖颈，肥硕的腹部，宽把就像是高高翘起的尾巴，看上去很像鸟兽的样子，酒从兽口流出，犹如取之不竭的酒泉，极富想象力。

良渚文化出土的酒器，大多制作精致，并彩绘或刻画繁缛的花纹图像，主要是兽面纹、兽面鸟组合纹和几何纹等。这些几千年前的艺术家刻画线条的技艺几乎达到了完美无缺的境界，在酒器这一方寸之内，能用极细的线条将鸟和兽的特征刻画出来，给人以强烈的艺术感染力！这类酒器亦多出存大墓之中，说明高级的酒器只有少数贵族才能拥有，它们和良渚文化出土的精美玉礼器具有同样的功能，是身份和地位的标志。

知识链接

柳宗元与酒

柳宗元，唐代的政治改革家、思想家，一位很有才气的文学家。

自古文人都爱酒，以酒解忧柳宗元也不例外。《全唐诗》中柳宗元写酒的诗不少。如《法华寺西亭夜饮》："祇树夕阳亭，共倾三昧酒。雾暗水连阶，月明花覆牖。莫厌樽前醉，相看未白首。"还有一首《饮酒诗》："今夕少愉乐，起坐开清樽。举觞酹先酒，为我驱忧烦……" 永州地区有一种很有特色的酒，叫"黑糊酒"，为民间所酿。选用优质糯米蒸熟，拌好酒药发酵酿成糊汁，过滤装进土陶坛内封住口子，用生牛屎堆在坛子上，经过高温沤制几个月后糊酒由白变黑，芳香扑鼻，醇和爽口，成了湖南地区独具特色的美酒。据传柳宗元到永州后，永州百姓就是用这种黑糊酒招待他，柳宗元饮后连称好酒！在他诗歌创作中为他解忧消愁的大概就是这种酒吧！

龙山文化蛋壳黑陶高柄杯

此杯出土于山东省泗水县尹家城遗址，细泥黑陶，陶土经过淘洗。碟形口，折沿，近底部转折明显，筒形柄两端均内束，器腹有一周突棱，柄部有五周规则的短直条镂孔，其下有两周弦纹。

蛋壳黑陶高柄杯均为细泥陶，杯和柄又是分别轮制后粘接而成。这类器物一般出土于墓葬中，且墓葬规模都很大，出土此蛋壳陶杯的墓葬长3米余，宽近2米，墓内有二层台，墓坑内有1棺，其内埋葬的是一老年女性，随葬品有8件，其中有觯形杯、豆、碗、蚌片、獐牙和高柄杯。这件高柄杯是此墓随葬品中最精致的一件，亦应是墓主最喜欢的一件，可见墓主对酒具的珍视。

蛋壳黑陶高柄杯是大汶口文化晚期和山东龙山文化的代表性器物之一，也是当时最高级的一种饮酒器。制造此类器物，对原料和技术要求都相当严格。已发现的蛋壳陶杯，平均厚度不足0.5毫米，最薄的仅有0.3毫米，有的全器重量只有40克左右，还不到一两！据测定，这种蛋壳陶杯的平均吸水率只有万分之四十三。如此精美的酒器，竟出自4000多年前的东夷人手中，让现代人惊叹不已！这两件出土于山东省胶州市三里河遗址的高柄杯，均为黑陶，胎壁极薄。其中高者为盘口，中腹与杯体相连，呈竹节状，共11节。下为喇叭形圈足，圈足较高，上与杯腹相套接；较矮者亦为浅盘口，杯形腹较深，上饰数道弦纹，杯形腹底部通过一极短的管状物与圈足相接，圈足上有三周竖道镂空纹，下为喇叭形圈足口。该杯现藏于中国社会科学院考古研究所。

蛋壳黑陶高柄杯

龙山文化黄陶鬶

此鬶 1960 年出土于山东省潍坊市姚官庄遗址，夹细砂黄陶，冲天长流，粗长颈，三个大袋足分裆而立，后袋足与前两个袋足距离较远，且较前两个袋足更肥大，颈与后袋足之间附一个麻花状鋬手，足上饰两周凸弦纹，三周弦纹之间有四圈小泥饼。通体施黄色陶衣，器物造型雄伟生动，遒劲有力，很像一只雄鸡在引吭高歌，是一件相当完美的陶塑艺术品。

鬶是山东龙山文化的典型器之一，起源于大汶口文化中期，盛行于大汶口文化晚期和龙山文化阶段。鬶是一种造型精巧的器物，有实足和袋足之别，实足鬶一般由流、腹和三个圆锥状实足组成，袋足鬶则以三个大袋足为腹。

鬶的质地分夹砂和泥质两种。夹砂陶鬶一般较粗糙，出土时器底多有烟熏痕迹，有的器腹内还有灰黑色的残渣，当为残存的酒渣。这类夹砂鬶是专门用来煮酒温酒的泥质陶鬶、质地细腻，制作也精致，可能是专作注酒用的。龙山文化晚期出现的平底鬶就是由泥质三足鬶发展而来，后世的酒注子、酒执壶等注酒器也可溯源于此。

龙山文化白陶鬶

此鬶出土于山东省泗水县尹家城遗址，夹砂白陶，方唇，斜直流稍矮，粗短颈，把手外卷，沿面有凹槽，分裆袋足，把手下的一袋足相对较肥大。颈部有凸弦纹三周，有小横耳一对。器口上有盖，既可保温，又可防止灰尘杂物入内，在设计上较其他同类陶鬶更为合理，是山东龙山文化陶器的精品之作。

鬶是史前东夷人创造的一种造型别致的器物，既实用又美观。东夷人崇尚鸟图腾，常把自己喜爱的鬶做成各种各样的禽鸟形象，有的似展翅欲飞的鸟，有的似仰首高歌的雄鸡，造型独特，姿态生动，是很有地方特色的典型器物。由于它独特的造型，为周边部族所模仿，在今江苏、浙江、安徽、河南、湖北甚至江西都发现了类似鬶的器物。

龙山文化晚期，造型优美的白陶鬶和胎质细薄的黑陶鬶实际上已经具有礼器的功能，它们多成组地被随葬在一些大墓中，与薄如蛋壳的黑陶高柄杯共出，共同组成了成套的酒礼器。

龙山文化黑陶罍

此酒器 1974 年出土于山东省胶州市三里河遗址，细泥黑陶，外表打磨光滑，乌黑油亮，侈口，高直颈，圆肩，深腹，腹壁较斜直，肩部附有对称的两耳和两鼻，颈部和腹部有弦纹，器盖呈覆碗形，上部有环形把手。

黑陶罍为小口，鼓腹，与商代青铜和瓿酷似，应是盛酒器。再者，制作如此精美的黑陶容器多出土在规格较高的墓葬中，常与黑陶极品蛋壳陶杯和白陶鬶共出，应是一套完整的酒器，盛、斟、饮功能俱全。

黑陶器是山东龙山文化的代表器之一。里外皆黑，器腹皆经抛光，亮可照人，俗称“黑又亮”陶器。由于黑陶器特征极其明显，故曾有学者将出土黑陶器的山东龙山文化称为“黑陶文化”。这件黑陶器制作精致，造型优美，是黄河下游山东龙山文化黑陶器中的精品。

山东龙山文化不仅出土了很多精美的陶酒器，如黑陶罍、高柄杯、白陶鬶等，而且还有很多精美的装饰品，如玉器、石器、骨器和象牙器等。

这些精美异常的酒器和装饰品，暗示着当年龙山文化中存在着一个不同寻常的阶层，他们用着精美的装饰物品，饮着美酒，他们的出现，宣告着原始共产主义社会的终结。

仰韶文化水鸟啄鱼蒜头壶

仰韶文化的代表器物之一，出土于陕西宝鸡北首岭遗址。这种器物口小、颈细、腹折、底平，形似蒜头，造型精巧而优美。绝大多数为泥质红陶，外表或素面无纹，或饰精美的彩陶图案。在仰韶文化半坡类型的遗址中，这是最常见的器物之一，表明当时广为使用。由于它腹大口小，所以既可用它盛储水和酒，也便于饮用。出土于北首岭的这件蒜头壶堪称仰韶文化的精品。

该壶壶口呈花苞状，并绘有黑彩花瓣状图案。在肩腹部用黑彩绘一组寓意深刻的水鸟啄鱼图，构图线条相当简练，而鸟和鱼的形态却生动活泼。一只水鸟用嘴紧紧地叼住一条大鱼的尾巴，大鱼身体扭曲，昂首张望，呈疼痛难忍、欲逃不得的痛苦状。这条鱼身躯细长，头部呈方形，眼睛圆睁，两侧的巨腮向外鼓起，头部和背部均有斑状花纹。这种构图具有巫术含义。在史前时期，动物总被巫师作为与神沟通的助手，鱼生活在水中，鸟翱翔于天空，它们的生活区域和习性与人类迥然不同，因此很容易引起史前居民的敬畏与联想。人们将这两种神异的动物组合在一起，认为这样就可与神灵沟通了。巫术总是与酒分不开的，巫师在施法的过程中往往要靠酒的帮助来进入迷幻状态，将具有巫术意义的图像绘于酒器的外表，有助于提高巫术的威力。北首岭的这件蒜头壶出土于一座墓葬中，墓主人只以此件器物作随葬品，足见对它的珍爱程度。该器物现藏中国历史博物馆。

小口尖底陶瓶（仰韶文化）

仰韶文化波浪纹彩陶钵

陕西省临潼县姜寨遗址出土。口部微向内敛，鼓腹，圜底；泥质陶，外表呈橙黄色，用黑彩绘两周波浪纹，在唇部波浪纹的波谷之间，还用黑点加以点缀。整个器物近似一个半球体，小巧玲珑而又美观大方。

彩陶钵是仰韶文化半坡类型的典型器物之一，不仅数量多，而且图案相当丰富，最常见的是所谓的“红顶钵”，即口沿外表饰一条红色或黑色条带纹的敛口或直口钵。其他图案还有变体鱼纹、倒三角、直线纹等。在器物形制上，钵的变化也较多，以敛口圜底钵最常见，也有直口和小平底钵。钵不仅大量发现于各遗址的地层、房屋和灰坑中，而且还常见于墓葬的随葬品中，

波浪纹彩陶钵

反映出这是当时最常用的一种饮器，既用它饮水吃饭，也用它喝酒。姜寨的这件彩陶钵出土于一座未被扰乱的土坑墓中。这是一座比较独特的合葬墓，葬有32个人，男女老幼均有。人骨分两层放置，下层是一次合葬，上层是二次合葬。上层的死者是在死后一段时间被迁来的，而下层的死者当是在同一段时间死去的。一般认为，这种合葬墓是原始社会的家族墓葬。姜寨的这个家族在某个时期同时死去了很多人，同族的人便把他们葬在同一个墓穴中，同时也把在这之前死去的族人迁来，埋在这座墓的上层。对于这个家族来讲，这是一次很隆重的葬礼，活着的人们为了寄托哀思，给他们随葬了丰富的物品，把生活中所需的各种东西都送给他们，让他们在另一个世界中享用，这些东西有陶罐、陶盂、小口尖底瓶、陶盆、陶杯、石砚、石研棒、砥磨器、骨笄、牙饰、蚌刀、蚌饰、陶钵等，总数达50件，其中以陶钵的数量最多，共有10件，占全部随葬品的1/5。钵是当时人生前最需要的器具，即使死后也要尽可能多地带到另一个世界中去。此器物现藏陕西西安半坡博物馆。

仰韶文化鱼鸟纹葫芦瓶

陕西省临潼县姜寨遗址出土。泥质红陶，口部呈杯状，器身瘦长，小平底，造型类似一只葫芦。在腹部两侧各附一耳，耳上穿有一小孔。通高 29 厘米、口径 3.5 厘米、底径 6.5 厘米。口部遍涂黑彩，颈部以下用黑彩绘有复杂的鸟纹和鱼纹组合图。在腹部的两面，各绘上、下两组鸟纹，鸟均只绘头部。上部的鸟头被圈在一个方框内，头上方有一带倒刺的弧线，嘴朝向杯口；在鸟嘴的下方，绘有一个鱼头，鸟似在啄这个鱼头。下侧的鸟也在一个方框内，嘴朝向瓶底。在这两组鸟纹的正上方，还有三个并列的三角形图案；三角形的上方，有两个小圆点。在瓶的两耳部，以耳为中轴点，各绘一组不同的鱼纹。一侧绘两个鱼的侧面像，鱼嘴张开，朝向耳部，器耳也遍涂黑彩；另一侧则是用三角形组成的鱼纹。

鱼鸟纹葫芦瓶

葫芦形瓶是仰韶文化史家类型的代表性器物之一，距今 5600 年左右。大多用细腻的陶土塑造而成，外表多呈红色，也有个别的是泥质黑陶。造型多样而美观，器身分两部分，上大下小，形似口小腹大的葫芦。多数素面无纹，极少数饰绳纹和指甲纹。外表用黑彩绘饰图案的器物并不太多，但是凡为彩陶者，均构图复杂，图案精美而寓意深远，堪称仰韶文化的精品。除这里所说的鱼鸟纹组合图外，还有变体鱼纹和变体人面纹等，它们既抽象又传神，表现出仰韶文化的居民具有很高的艺术技巧。葫芦形瓶在史家类型的遗址中均有出土，而且数量还相当大，姜寨就有114件，仅次于钵，说明是日常生活中最常用的一种器物。推测它可能兼具盛器和饮器两种用途，既可装水、装酒，也可用它来喝水饮酒。腹部深而大，便于装东西；口部小而圆，便于饮用；器身上、下部分之间有向内凹的细腰，有些在下腹部还有两耳，便于捉握和携带。用它装酒，既可在家开怀畅饮，又能随身携带，以便随时品尝。所以，自此以后，葫芦和葫芦形的器物便与酒联系到了一起。商代甲骨文中的“酒”字竟就是一个类似葫芦的图案，后世的道士和仙人的腰间往往系有一个充满魔力的酒葫芦，葫芦不仅是酒器，而且还成了一种法器。此器物现藏陕西西安半坡博物馆。

大汶口文化圜底大陶樽

山东省莒县陵阳河遗址出土，大汶口文化晚期的器物，距今4500年左右。这是一件形体庞大的陶器，高59.5厘米、口径30厘米，口大，腹深，但底部却是尖的。胎质为夹砂陶，较粗糙；外表呈灰色，遍饰蓝纹，在腹的上部刻画一组图像，上为圆圆的太阳，下是五个山峰相连的山脉，中间的图案似飘浮的云气，又像是一弯新月。

这种大口樽是大汶口文化晚期的重器之一。由于它体大底尖，轻易搬动不得，更不能单独立起来使用，推测可能是埋在地下的酿酒缸。这种陶樽一般都发现于大墓之中，一墓随葬一件，最多的也只有两件。有意思的是，凡随葬大口樽的墓葬，都同时随葬丰富的温酒、斟酒和饮酒器具。陵阳河的第17号墓出土了一件带图像的大口樽，同时还另外随葬了156件陶器，其中温酒和斟酒用的鬶14件、盉5件，喝酒器具镂孔高柄杯46件，高柄杯36件，这两种类型的杯均按一定顺序密密麻麻地压在墓主人的身上。距离陵阳河遗址不远的大朱家村遗址的第17号墓，也出土了一件刻画图像的大口樽，该墓共随葬陶器64件，其中仅薄胎的镂孔高柄杯就有29件，几乎占1/2。

这些现象反映出大汶口文化晚期的人们已是非常地好酒爱酒了，以至于这一文化中最具辉煌光点的创造物都与酒密不可分。薄胎高柄杯、鬶、盉、大口樽等制作技术难度较大、造型精美的器物，几乎都是酒具。富有的人生前以拥有最多的酒具为荣，死后也要尽可能多地把它们带在身边，以期在另一个世界中也能豪饮狂喝、以酒斗富。从这一意义上讲，大口樽和薄胎镂孔高柄等酒具，已具有标志身份的礼器的作用。此器物现藏中国历史博物馆。

知识链接

形象逼真的人首灰陶瓶

碧波荡漾的太湖地区，自史前时代起，就是中国最著名的鱼米之乡。在距今8000年左右，这里的先民就开始种植水稻，并使这一地区逐渐发展成为史前时代中国稻作农业的中心地区之一。在距今5900—5300年左右，环绕着太湖流域，出现了一个独具特色的史前文化，考古学家称为“崧泽文化”。这一文化的居民继承了其祖先的谋生方式，以种稻为生，兼营渔猎。长期的稻作实践，使太湖地区的先民从很早的时候就掌握了用稻米酿酒的技术，发展到崧泽文化时期，居民不仅视酒为生活中的必需品之一，而且开始注重饮酒的情趣。他们制造出了各种造型美观、装饰华丽的酒器，这些器物构成了崧泽文化最精致的器物群。

这件人首灰陶瓶是1990年在浙江省嘉兴市大坟遗址发现的，是崧泽文化中罕见的珍品。胎质为泥质灰陶，高21厘米。瓶顶端塑成小型人头像，五官清晰，双眼内凹，鼻梁隆起，口部张开，面部表情相当生动。两耳宽大，并穿有小孔；脑后塑有上翘的鸭嘴形髻，髻上带一小孔，这可能是崧泽文化居民的一种发式。脖颈细长，躯干圆鼓，并分成三个部分，似人体的胸、腹和下肢。在前胸开一小圆口，是装酒和倒酒的孔道。整个造型既是一个生动的人形雕塑，又具有实用功能。细长的颈项和小巧的头部便于捉握提拿，肥大的身躯则可多装佳酿。饮酒时，对面有这么一个双眼炯炯有神的人形装酒器具，仿佛他在与你对饮，自然给饮者增添许多酒兴。

第二节 夏商周酒具

夏商周时期酒具概述

夏商周三代时期（公元前 21 世纪—前 221 年），是我国古代礼制的成熟期，也是中国古代礼制最为规范的时期。“礼以酒成”，无酒不成礼，因此，夏商周时期也是我国酒礼最复杂、酒与政治结合最为紧密的时期。正因为夏商周时期酒礼最受重视，因此，酒器发展也最为迅速，青铜酒器也就成为夏商周三代青铜文明中最为辉煌的文化。

夏王朝的建立，标志着我国彻底摆脱了数千年来的原始状态，进入了文明社会，而原始社会几千年的酒文化积淀，被后来的佼佼者——夏王朝的主人不折不扣地继承过来，并得到了飞跃性的发展和开拓。酒器的品类较之前人有了很大的发展，但与后来的商周相比，则颇显单调，主要是陶器和青铜

器，少数为漆器，器形有陶觚、爵、樽、罍、鬶、盉，铜爵、斝和漆觚等。商代酒器发展较快，品类迅速增多，以陶器和青铜器为主，另外，有少量原始瓷器、象牙器、漆器和铅器等作辅助。器形有陶觚、爵、樽、罍、盉、斝，铜觚、爵、樽、罍、卣、斝、盉、瓿、方彝、壶、杯子、挹等。原始瓷器主要为樽，象牙酒器仅有杯子一种，漆器保存不好，可辨器形者有漆觚和杯子等。

古代陶器

西周早期酒器无论器类和风格都与商代晚期相似，中期略有变化，晚期变化较大，但没有完全脱离早期的影响，仍以青铜酒器为大宗，原始瓷酒器略有发展，漆酒器品类较商代晚期为多。在北京房山琉璃河西周燕国贵族墓地中出土的漆罍、漆觚等酒器，色彩鲜艳，装饰华丽，器体上镶嵌有各种形状的蚌饰，是我国目前所见最早的螺钿漆酒器，堪称西周时期漆酒器中的珍品。

东周时期的酒器中，漆器与青铜器并向发展。青铜酒器有樽、壶、缶、鉴、扁壶、钟等，漆酒器主要有耳杯、樽、卮、扁壶。另有少量瓷器、金银器，陶酒器则较少见。

夏商周三代的酒器，与史前酒器相比，无论从酒器的质料上或是从酒器的品种和数量上，都发生了质的飞跃，不仅说明夏商周时期的生产力水平已相当发达，而且也代表着夏商周三代进入了一个崭新的历史时期。

肃穆厚重的青铜酒具

我们的祖先在发明制陶术后，经历了很长一个阶段的陶器和自然物共用的时期，便迈入了青铜器时代。我国冶炼铜的历史发端于原始社会后期，到了夏商周三朝逐渐兴盛发达起来，各种不同形状，不同用途的青铜器酒具便出现了。尤其是商周两朝，青铜器盛极一时，奴隶主贵族饮酒用的青铜酒具有爵、盉、斝、斗、卮、杯、觚、觥、觯、觞、樽等。由于青铜器是奢侈品，平民百姓家仍然使用陶制酒具和其他自然物器皿。

青铜器酒具较之陶器酒具既美观又经久耐用，为此颇得奴隶主贵族的青睐。为了满足奴隶主贵族的需要，制作青铜器的手工作坊出现了，在夏代二里头文化晚期的遗址和墓葬中，已经有刀、锥、凿等青铜工具和青铜酒具爵的出现。在河南偃师二里头商代早期遗址中，已发掘出烧制陶器和铸造青铜器的手工业作坊遗址。在商王武丁的妻子妇好墓出土的青铜器中，可以看到奴隶主贵族日常使用的酒具。有造型奇特的偶方彝（商代大型储酒器），体态生动的鸮樽（鸮鸟形状的樽。商周时盛行模拟鸟兽形状的樽，如鸟樽、象樽、羊樽、虎樽等），纹饰精美的兕觥（器身似牛，内盛酒），还有调和酒浓淡的盉和专门用来盛鬯（一种香酒）用的方斝等。在妇好墓出土的近 200 件青铜器中，各种酒具就占了70%，而且大多是成双成组的。它们既是殷商奴隶主嗜酒成风的证明，又是研究商代青铜酒具的宝贵资料。另外，在妇好墓中还出土了一件镶有绿松石图纹的象牙杯，这是用以盛酒饮酒的珍贵文物。

在青铜器盛行的商周两朝，制陶业在继续发展。烧制的陶酒具许多器形都模拟青铜器，还制出一种叫“缶”的盛酒器，缶的形状似后世的坛子，小口，圆腹。这种器皿盛行于春秋战国时期。另外，商代还创制出最原始的瓷器。在黄河中下游和长江中下游广大地区内的许多商代中期的遗址中，都曾出土有原始青釉瓷器，其中酒器具占有一定的数量。

风靡一时的青铜器到春秋战国时期逐渐开始走下坡路了，许多青铜餐具酒具开始从贵族的筵席上撤走了，只有在祭祀天地鬼神的典礼中当礼器用一下。发生这一变化的原因是多方面的，主要原因是青铜器自身的弱点。由于铜能与二氧化碳水蒸气生成有毒的铜绿，用青铜器盛酒或盛食物往往会引起铜中毒，这是人们从长期饮食实践中得出的这一痛苦的经验。另外，我国铜矿石蕴藏量比较少，制作青铜器的成本很高，经济上也不划算。因此，青铜器酒具被淘汰掉是不可避免的。到了秦汉之际，代之而起的漆器便登上了上流社会的筵席。

知识链接

李时珍与药酒

李时珍（1518—1593 年），湖北蕲州（今蕲春）人，字东璧，号濒湖。出身医药世家。明代医学家。他 14 岁考中秀才，但无意于功名却跟着父亲学医，决心用医药解救人间的疾苦。他一生留下许多著作，《本草纲目》是其中影响最大的一部。为了这部著作，他走遍了江苏、安徽、河南、湖北、江西等地，上山采药，历尽千辛万苦，深入民间，向农民、渔民、樵夫、药农、医生请教以取得第一手资料。他还冒着生命危险，吞服烈性药物以了解其药性。他勤奋刻苦，研读了 800 多种医书、药书和其他参考资料，记下了数百万字的笔记。历时 27 年，终于完成了 190 万字巨著《本草纲目》。

李时珍提出“酒为百药之长”。他总结了古今酒在药物中的作用、性能和医疗症状，研创了许多有名的药酒。他认为：“酒，天之美禄也。面曲之酒，少饮则和气行血，壮神御寒，消愁遣兴。痛饮则伤神耗血，损胃之精，生痰动火。”他还告诫人们：“若夫沉湎无度，醉以为常者，轻则致疾败行，甚则丧邦亡家，而陨驱命，其害可胜言哉！”

李时珍在《本草纲目》中，记载了 200 多种药酒。仅谷物与药物酿成的药酒有 69 种，如愈疟酒、屠苏酒、五加皮酒、牛膝酒、菊花酒、桑椹酒、姜酒、葱豉酒、竹叶酒、花蛇酒、虎骨酒、鹿茸酒、羊羔酒等，并对药酒的制作和服法作了精辟的阐述。他的许多药酒至今为人们所称道。

二里头文化灰陶大口樽

此樽出土于河南省偃师市二里头遗址，是一件陶质贮酒器。泥质深灰陶，大口，长颈，广肩，深腹，底内凹。颈、肩及上腹部饰多周凹凸弦纹和压印纹，下腹部饰绳纹。器形健壮雄浑，颇具阳刚之气。

此类大口樽最早出现于二里头文化，流行时间较长，至商代早期还被广泛使用。这件大口樽制作精美，是二里头文化的代表器物。

此类器一般形体较大，高四五十厘米者很常见，做工精致，结实坚固，可作长期使用。商代甲骨文和金文中的“酒”字字形，均与大口樽相似。大家知道，甲骨文和金文多为象形字，其“酒”字最早可能就是取大口樽之象形，这说明大口樽这类器物与酒应有密切关系，可能是酿酒或贮酒之器。

二里头文化白陶鬶

此鬶 1982 年出土于河南省偃师市二里头遗址。陶色白中泛黄，质地坚致。敞口，甲沿，冲天流较短，口沿堆塑有鸡冠状附饰。腰缠一周凸棱，鋬宽扁，三个宅心袋状足较瘦削，鋬饰二枚泥丁，刻正倒“人”字纹。陶鬶的用途和现在的酒壶一样，用来向爵、觚中斟酒。

白陶鬶

陶鬶创始于新石器时代的大汶口文化，在我国黄河和长江流域广为流传，但到夏代晚期，则主要集中在中原腹地洛阳一带，到商代初年绝迹。因此，在偃师二里头遗址发现的白陶鬶，给陶鬶 2000 多年的发展史画上了一个圆满的句号。

在偃师二里头遗址出土有不少的白陶器，

以酒器为大宗，器形主要为爵、鬶、盉等。时代多属于夏末，少数为商初。这些白陶酒器，在当时青铜器初兴阶段是比较高级的酒器，普通人是不能染指的。

二里头文化黑陶象鼻盉

此盉1984年出土于河南省偃师的一座墓葬，泥质灰陶，顶部似象头，眼、鼻、口皆形象齐备，长长的鼻子用作器流。宽带状鋬，连接器顶与器腹。长颈，广肩，下腹急收，假圈足较高，小平底。通体磨光，颈、肩、腹和足饰有多周凹、凸弦纹和指甲线纹。

这件象鼻盉制作精致，是历年来二里头文化诸遗址出土文物中罕见的。

与这件黑陶象鼻盉共出的陶器还有10件，皆精工制作，不同凡响。其中有6件酒器，有饮酒器陶觚两件，陶爵1件；斟灌器封顶盉1件，象鼻盉1件；盛酒器胆式壶1件。这套酒器，盛、斟、饮功能齐全，堪称二里头文化时期平民使用的“酒器全家福”。

夏代管流爵

此管流爵出土于内蒙古自治区敖汉旗大甸子遗址的一座墓葬中，为椭圆形口，前部上翘，后部略平。上腹部瘦细，下腹部外鼓，在腰部有一长长的管状流和宽扁鋬，锥状三足外撇。

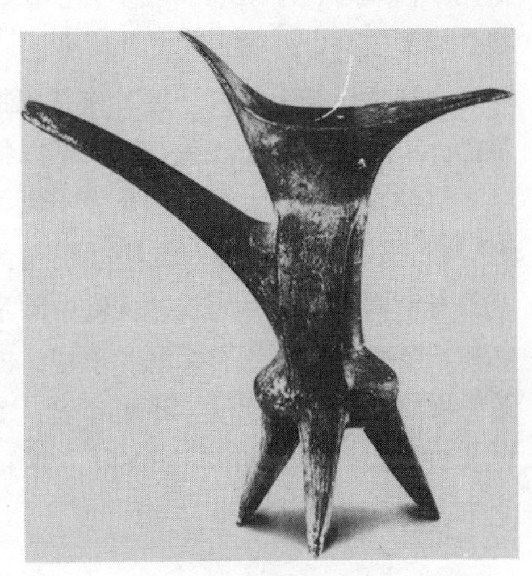

管流爵

使用陶爵作酒器，原本是中原地区夏商王朝居民的文化特征，现在忽然在遥远的塞北草原上出现，有什么历史奇缘呢？

据专家考证，大甸子遗址出土的陶爵很可能是北迁夏人的一支辗转来

到此地后所制造的。它们的基本形态与夏王朝陶爵相同，而其陶色和装饰则富有土著文化色彩，体现了两种文化的交融。因此，大甸子遗址出土的陶爵，不仅是精美的古代酒器珍品，而且还是我国古代历史的重要实物史料。

商代四羊铜方樽

四羊铜方樽，是珍藏在中国历史博物馆中的一件闻名遐迩的商代晚期青铜酒樽，樽高 58.3 厘米，重 34.5 千克。比殷墟妇好墓中的大型铜方樽还要贵重，是现知我国商代最大的铜方樽，传说系 1939 年出土于湖南宁乡的一处山坡上。

此樽造型雄健洒脱，铸作工艺精湛到惊人的地步，装饰艺术炉火纯青。樽体呈方形，口部极度外侈，口沿边长 52.4 厘米。颈部修长，铸有八道扉棱，雕饰蕉叶、夔龙纹。腹部鼓凸，以立体雕塑手法铸出四只绵羊的前半身，羊角硕大弯曲，羊态安详而威武，羊体肥硕健美，昂首挺胸，凝视前方。羊背及羊胸饰有鳞状斑纹，羊腿上有鸟纹，又使四羊陡增几分神秘和威严。樽肩雕蟠龙四条，龙首在二羊之间，头生双角。四羊方樽以精细的云雷纹衬托，采用平面线雕、浮雕和圆雕多种手法，把这件铜樽装扮得庄重大方，光彩夺目，成为饮誉中外的古代文物珍品。

古代宗庙祭祀用“三牲”作祭祀牺牲品，《礼记·曲礼》说：“天子以牺牛，诸侯以肥牛，大夫以索牛，士以羊豕。”古文献还记载说，古代祭祀用的礼器有牺樽、象樽，而现知文物中除了牺樽、象樽之外，还有豕樽、羊樽，四羊方樽应列入羊樽之属。作为礼器，羊樽的壮伟与精美并不在牺樽、象樽之下。

四羊方樽

商代双羊铜樽

商代青铜四羊方樽

在我国古代酒器中，最早采用羊形者，现知是商代的青铜酒器，其中三羊铜罍、四羊铜樽等均为代表作。此处介绍的是一件完全以羊为器形的商代青铜酒器——双羊铜樽。樽的主体是头向相背的两只连体羊，它们都只有前半身而无后半身。羊头高昂，双角盘卷，角尖下屈尔后前伸，富有力感，双目平视，颚下长须飘逸，胸部挺凸，肩腹圆浑肥硕，腹内空腔。两腿并立而微见前撑，使得整个器体四足落地稳如泰山。羊体肥壮健美，神态肃穆庄重，看上去老成持重，灵性高深。加上通体鳞纹，腹有双翼，更使之神秘玄化，深奥莫测。

在双羊背上驮载着一圆筒，这就是樽口。筒体雕饕餮纹，双角竖立，双目直视。高高耸立的樽口纳酒方便，而微微张开的羊嘴便是天然的流口，樽中酒可从任意一只羊的嘴中吐泻出来。该器构思独特奇巧，造型生动逼真，唤之欲动，似乎稍受惊骇，就会撒蹄而奔。

很显然，双羊铜樽堪称青铜艺术佳作。比之一兽一器的豕樽、象樽、牛樽，具有不同的艺术感染力。

该樽现藏于英国。据知，日本的根津美术馆中也收藏有一件我国商代的双羊铜樽。

商代人面神龙铜盉

在商代青铜酒器中，有一件十分奇异的珍品——人面神龙铜盉，其盖雕刻为人面状，浓眉大眼，宽鼻阔口，头生一对槌状角，双耳有圆孔。器身较矮，敛口，腹垂鼓，圈足，双贯耳，管状流。圈足上有三个穿孔，其中两孔与盉盖

人面神龙铜盉

的人耳孔、盉身的贯耳对应，用绳索串连后便可成为铜盉的提梁。通高18.1厘米。

盉身上半部分以纤细的云雷纹为地衬，雕刻出龙的前肢相对而抱，另有一对小龙张开大嘴分列盉流两侧。盉身下半部分是鳞状纹和菱形纹，这是商代青铜器表现龙体的常用花纹。该盉运用圆雕、浮雕和线雕技法，向人们展现了一条幻化成人面的神龙，岿然盘踞、仰首望天的形象，既神秘，又威严，似乎一声霹雷，神龙便会腾空入云而去，充分体现了古代艺术家丰富的艺术想象力和高超的艺术表现力。其艺术构思，与我国良渚文化和山东龙山文化玉器上人、兽（鸟）合一之神灵徽像，实一脉相承。

据传，该盉是1940年在安阳殷墟出土的，系商代晚期作品。它出土不久，即流入市场，由北京“同益恒”古玩铺的萧延卿、陈鉴塘经手，以30万5千银圆的价钱卖给了上海古董商人叶叔重，叶氏将其运往由其舅父吴启周与美籍华人卢芹斋合办的美国最大的古玩店“吴卢公司”，转手卖给了美国人，至今还留在美国。

知识链接

真假难辨的铜盉

在北京故宫博物院，也藏有一件人面神龙铜盉，其大小及花纹、形制与在美国的那一件一模一样，可它们并非姊妹一对。原来，在把安阳出土

的铜盉运往美国之前，由北京著名的古铜器仿制专家王德山复制了一件，也是高18.1厘米，重2.65公斤。虽是复制品，但由于王德山手艺非凡，仿造得十分逼真，一般人不易辨别真伪。不过，真器、伪器还是有区别的：存于美国的真器，原本没有铭文；存于故宫的伪器，在盖内和盉身内底錾刻了铭文。就是这画蛇添足之举，为后人辨识真伪留下了根据。

商代蚕桑纹铜樽

敞口、鼓腹、高圈足的青铜酒樽，商代晚期和西周时期在中原地区曾非常流行，然而进入东周以来，这类铜器便从中原大地上消逝了，可是却又神秘地兴起于南方吴越之地，真可谓“失之于朝而存诸之野”了。

1963年，在湖南省衡山霞流市出土一件春秋晚期的铜樽，很有特色。它的造型特征与西周时期中原地区的铜樽颇为相似，而其装饰则独具一格。在它那向外敞侈的口部，铸满蚕虫，蚕之后半身为浮雕，前半身则为圆雕，蚕头昂起，双双成对，似在对语，又像是互相吻抚，情意深长。樽颈饰对称三角几何纹和卷云纹。腹部是在桑叶形纹饰框架内，填充若干浮雕的勾尾蚕，桑与蚕有机配衬，自然而合理，堪称绝妙。圈足上亦有一周花纹。樽高21厘米，现藏湖南省博物馆。

蚕桑纹铜樽

春秋时期，由于社会大变革，青铜器装饰艺术也发生了变化，商代和西周时期威赫的饕餮纹不见了，神奇诡秘的龙、虎、凤纹也隐退了，而现实生活中的宴乐、攻战、农桑都先后登上了青铜艺术的大雅之堂。这件铜樽展现给我们的便是清新愉悦、洋溢生活气息的田园桑林画面。作者依靠超群脱俗的技法和新颖奇特的花纹，创造了一件不同凡响的青铜艺术珍品。

西周侯父戎铜壶

侯父戎铜壶出土于山东省曲阜县鲁国故城望父台，系鲁国司徒仲齐墓中的随葬品，约属两周之际产品。该壶造型十分奇特，小口，短颈，无肩，腹垂鼓，腹侧各有两个系钮上下对应，喇叭口式圈足。壶盖铸作蟠龙状，龙身浮雕，盘屈两周，龙头圆雕，居于盖中心，盖上有两个小系钮。壶腹从上到下有四个纹饰带，是变形夔龙纹与三角纹相间。圈足上饰垂鳞纹。盖沿和壶颈铸刻对铭各 15 字，铭文全文是“侯母乍侯父戎壶，用征行，用求福无疆”。壶高 38 厘米。现为山东省曲阜市文管会藏品。

从铭文可知，此壶是“侯母”为“侯父”铸造的“戎壶”，是出外征战时使用的。从其结构看，使用时需穿系绳索过壶上四个系钮，可提挂，亦可背挂。壶盖上的两个小系钮，是用来把盖系连于壶身或提绳上的。

这件铜壶造型奇特别致，纹饰简洁大方，实属罕见之物。

枵樽（西周）

春秋国差铜甔

这是一件罕见的春秋时期齐国的铜器，形制很特殊，名字也很生僻。小口，斜肩，肥腹，四耳，无花纹，肩上有铭文 52 字：“国差立事，岁咸丁亥，工师儋铸西郭宝鐪

四秉，用实旨酒，侯氏受福眉寿。俾旨俾净，侯氏毋瘩毋疣，齐邦员静安宁，子子孙孙永保用之。”

据铭文所载，这件铜器是由工师佰铸造的盛酒之器，器名叫罏。罏，字书无此字，应即甗，《史记·货殖列传》有“酱千甗”句，徐广说甗是“大罂缶”。《方言》五说：“罃……齐之东北海岱之间谓之甗。”原来，甗是山东方言，古时齐国人用以称呼罂缶之类的器物，《汉书·韩信传》颜师古注语说：“罂缶谓瓶之大腹小口者也。”小口大肚子的瓶就叫罂缶，与国差甗的形制正相合。据知，流传下来的商周铜器中自称甗者目前只此一件。

铭文提到的“国差”，指齐国大夫国佐，又叫宾媚人、武子。鲁成公二年，齐国伐鲁，卫国乘机侵齐，结果卫国兵败，求救于晋，晋国派兵救助卫、鲁，齐国被打败，齐顷公派国佐捧了灭纪国时俘掠的铜甗玉磬去与晋人讲和，国佐凭三寸不烂之舌说动晋人，双方言和罢兵。鲁成公 17 年，诸侯围郑，齐国佐率兵而往，“以难请而归”，兵至虚地，与齐大夫崔杼、庆克相遇，国佐杀庆克，据榖邑而叛齐，后来被齐灵公设计擒杀，连其儿子国胜也被杀。

国差甗应即国佐得志时所铸宝器。该器经一千多年的沧桑变迁，后来成为清宫盛京所藏八百件文物之一。1914 年移存于北京古物陈列所，著录于容庚《宝蕴楼彝器图录》中，其铭文最早见于罗振玉《三代吉金文存》。

春秋错金栾书铜缶

栾书铜缶是以作器人栾书的名字命名的春秋时代青铜酒器。栾书是春秋时晋国的将军，《左传》中载有他的事迹。鲁成公二年，齐国伐鲁，卫国趁机伐齐，兵败后求助于晋，晋国派兵六万，战车八百，分三路出征。中军将领是郤克，下军则由栾书统帅。在对齐战斗中，郤克被射伤，仍击鼓不息，终于击败齐军。鲁成公四年，郑国与许国发生摩擦，晋国派兵伐郑救许，栾书将中军，把郑国一个叫汜祭的地方占领了。鲁成公十八年，栾书与中行偃二人合谋，指使晋大夫程滑弑晋厉公。可见，栾书是晋国历史上的重要人物。因此，栾书缶应是春秋晋国的产品，当时晋国强大，栾书身为上将军，制造这件错金铜缶当非难事。该缶看上去像只普通罐子，小口，细颈，圆鼓腹，小平底，肩有四个圆环钮。盖微隆凸，上装四个圆环钮。通体光素无花纹，似乎没有什么特殊之处。其实它是一件很有名气的珍品。其珍贵之处，在于有错金长篇铭文，即在缶体上刻字后，在字口内填嵌黄金，幽绿的缶体，金黄的铭文，明快悦目，虽非花纹，却胜似花纹。铭文共 5 行 40 字，其中有“择其吉金，以作铸缶，以祭我皇祖，余以祈眉寿，栾书之子孙，万世是宝”之句，字为直行，从左到右排书，这种铜器铭文很少见。

铜器错金技术，约创始于春秋中期，该缶属于现知最早采用错金铭文的春秋铜器之一，而铭文长达 40 字，则独一无二。该缶现藏于中国历史博物馆。

缶在古文献中是盛酒和盛水之器，考古发现东周铜缶常自铭“樽缶”“盥缶”，证明铜缶有盛酒与盛水之分。栾书缶铭文曰“以祭我皇祖”，应是祭祀祖先时所用酒礼器。

春秋莲鹤铜方壶

在北京故宫博物院青铜馆，珍藏着一件十分著名的春秋时代青铜酒器——莲鹤铜方壶。该壶为扁方体，修颈斜肩，腹垂鼓，双耳，圈足。壶盖铸作莲花形，立雕双层莲瓣，花瓣上布满小镂孔。莲花的中央有一活动小盖，其上立一鹤，昂首振翅，似鸣似舞。盖边饰窃曲纹，两兽尾部相连，连接处插设一目。壶腹遍饰蟠龙纹，龙角竖立，回首反顾，塌腰卷尾，身雕鳞纹。壶腹四隅各有一神兽，兽角弯曲，顶端分叉，肩生双翼，长尾上卷。圈足之下压两只怪虎，抬首屈肢而伏。壶高 126 厘米，口径长 30.5 厘米，宽 24.9 厘米。

龙纹方壶

莲鹤方壶之所以名闻天下，主要是因为它造型巧异精妙，铸造亦很工致。壶上物象众多，杂而不乱。神龙怪虎，神态各具。最值得称道的要数壶盖上的莲鹤：莲花肥硕盛开，仙鹤站立花芯，一大一小，一静一动，一花一鸟，搭配巧妙。春秋青铜艺匠对鹤的塑造尤为成功，它形神俱佳，栩栩如生，似乎若有人猛喝一声，它就会拍翅惊飞。郭沫若曾称道壶盖之鹤说，它“突破上古时代之鸿蒙，正踌躇满志，睥视一切”。细品他的评论，可以看出，他这里所指述的，既是莲上之鹤，又是归纳了春秋时代青铜礼器之总的风格与趋向。当此之时，旧的礼制迅速崩溃，新的观念正在形成。表现在青铜艺术上，也正开创一代新风，故郭沫若说莲鹤铜方壶“乃时代精神之象征”，实在精辟而深刻。

战国青铜冰鉴酒缶

冰鉴酒缶是湖北随县曾侯乙墓中出土的一套战国时代青铜酒器，现为湖北省博物馆藏品。

这套酒器系由铜鉴、铜缶组合而成，缶套置于鉴内。铜鉴为方体，像个方口的大盆，腹深，平底，下附四个兽状足。鉴口四角及四边的中部分别有方形和曲尺形附饰，均用凸榫与口沿上相应的榫眼套接。鉴身的四面和四棱上，共有 8 个拱曲攀附的龙形耳钮，钮尾均有小龙缠绕，又有两朵五瓣小花立于尾上。鉴盖中部有方孔，鉴内的铜缶之口颈即从方孔中探露出来，盖的四面各有一个兽头衔环钮，启闭鉴盖便靠提捉这些钮环。盖上隆起处为浮雕变形蟠纹，四周为 T 形勾连镂孔。鉴身口沿上的附饰以及颈、腹部，均浮雕多体蟠螭纹，下腹饰蕉叶纹一周，内填浮雕蟠螭纹。鉴体铭刻“曾侯乙作持用终”。

铜缶亦为方体，小口，斜肩，腹瘦深，平底，圈足。缶盖平顶，上安四个圆环钮。盖沿内折，与缶口以子母榫相扣合。缶肩有四个圆环钮。缶上饰 T 形勾连纹、菱形带纹、斜三角纹、勾连云雷纹、蕉叶纹、涡纹和浮雕变形蟠螭纹，盖内刻铭 7 字与鉴体铭文相同。

鉴与缶的组合，设有专门的机关。缶的口颈卡在了鉴盖的方孔中，使缶

的上体不能晃动；鉴底内凹并焊附一块圆饼状铜件，铜件上呈品字形铸设三个弯钩，其中一钩为可以活动的倒钩，缶的圈足上有三个长方形榫眼，位置与三钩对应，钩扣进榫眼内，缶便被牢牢地固定了。在灌取酒时，并不需要打开鉴盖，而只打开缶盖就行了。

曾侯乙墓中共出土两套鉴缶，一模一样，分别重 168.8 千克、170 千克。鉴的尺寸一件高 63.2 厘米，口长 63.4 厘米，宽 62.8 厘米。另一件鉴高 63.3 厘米，口长 62.8 厘米，宽 62 厘米。缶高分别是 51.8 厘米、52.4 厘米。

这两套酒器设计巧妙，铸作精细，形体壮伟，在现知商周青铜酒器中尚无可比者。

其实，这套复杂而奇特的酒器就是古代的“冰箱”，用来冰镇酒的。

曾侯乙墓冰鉴酒缶的发现，与古代文献记载说周代流行在夏季饮冰镇酒正相印证。这一发现充分证明我国至迟在战国时代已发明了原始的“冰箱”，而冷饮的出现也就肯定不会晚于战国时代。冰鉴酒缶的工作原理，是依靠装在鉴内（缶四周）的冰块，使缶中的酒降温。

战国曾侯铜樽盘

在我国先秦青铜酒器中，以工艺先进复杂、铸作精湛、装饰瑰丽而著称者，当首推湖北随县曾侯乙墓出土的铜樽盘。

曾侯铜樽盘是一套酒器，樽放在盘中，二者搭配相宜，浑然一体。盘内加冰便可使樽中酒成为冰镇酒，其制冷效果虽不及前面介绍的冰鉴酒缶为高，但却是一件罕见的工艺美术佳作，具有不可估量的历史价值和艺术价值。

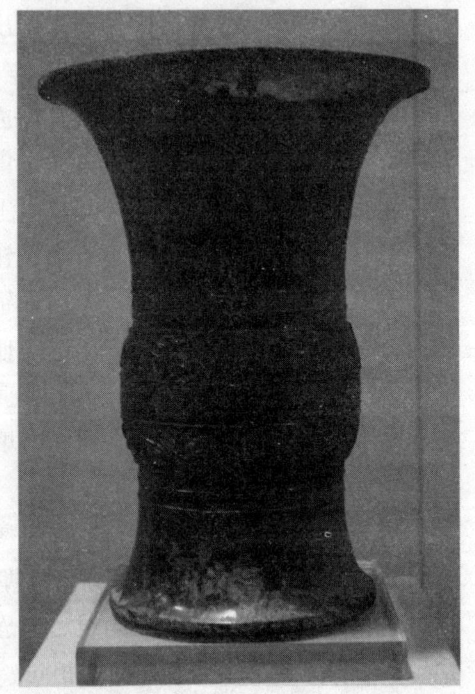

古代铜樽

铜樽呈粗喇叭形，口沿外折，上饰玲珑剔透的蟠螭透空花纹。樽颈较高，铸有四只豹形兽，回头吐舌，攀颈而上。兽体由透空蟠螭纹构成。在四兽之间饰蕉叶纹，在樽腹和圈足上，于浅浮雕的蟠螭纹上，各加饰四条浮雕伏龙，上下对应。樽高33.1厘米，重8千克。

这件铜樽是用34个部件，经过56处铸、焊而连成一体的，樽上装饰着28条蟠龙和32条蟠螭，颈部刻“曾侯乙作持用终”7字。

铜盘为方沿，上饰透雕蟠螭纹，口沿附有四个方耳，耳上亦饰透空蟠螭纹，耳的两侧为扁形镂空夔纹。四耳之间各铸攀龙一条。盘底安装四个兽蹄形足，足上饰蟠龙。盘体上共装饰了56条龙、48条蟠螭，盘底铭刻“曾侯乙作持用终”7字。盘高24厘米，口宽57.6厘米。

曾侯铜樽盘的艺术魅力，在于它那玲珑剔透、鬼斧神工、纷繁纤巧的透空蟠螭装饰。这些装饰物是由表层纹饰和内部多层次的铜梗所组成，而这些连续的透空花纹之间相互并不连接，全靠内层铜梗支承，铜梗又分层联结。这种极其复杂巧妙的装饰技法，形成了高低参差、对称配列、主题突出、节奏鲜明的艺术效果。

经过专家研究，曾侯铜樽盘是采用失蜡法铸造的。所谓失蜡法，即是用黄蜡制成模型，然后用细泥浇淋做成铸型，再经烘烤使蜡熔化流出，形成型腔，便可灌注铜汁成器。过去科学界曾认为失蜡法这一高级的青铜铸造技术，在秦代以前尚未发明，曾侯乙樽盘以无可辩驳的事实，证明失蜡法早在战国时代已被成功运用。

知识链接

贵重的重金络壶

重金络壶是南京博物院珍藏的一件战国时期青铜器，1982年出土于江

苏省盱眙县南窑庄的一座古代窖藏中，高 24 厘米。

该壶的形制并无特别之处，但它的装饰却独具一格，举世无双。除了壶的颈、腹部装饰着错金银的斜方格云纹以外，壶体外围还有网络外套笼罩在壶之肩、腹部，它由卷曲起伏的蟠龙、繁茂盛开的梅花交错套扣而成，肩部有蟠龙 48 条，梅花 48 行计 144 朵。腹部雕头尾相交的蟠龙 48 条，每条龙起伏卷曲 9 次，腹部梅花共 48 行计 432 朵。在网络套的横箍上，相间装饰着四只伏兽和四个兽头衔环耳。伏兽似虎，遍体饰错金银方格纹。衔环兽头额部镶嵌绿松石，环上有细如发丝的错金流云纹。

壶体系浑铸成型，而其他配件、装饰附件均系分铸成型后，再焊制为一体，还要镶嵌绿松石、错嵌金银丝，工艺精细复杂，充分体现了战国时代青铜技术的高超水平。

壶上有三则铭文。口沿上的铭文是“廿五，重金络壶，受一觳五升”。“廿五”是器物编号，“重金”即优质铜，“络壶”是有网络套的壶。“受一觳五升”指壶的容量，觳、升为战国时燕国的两个容量单位，圈足内侧铭文已损坏难识。圈足外缘铭刻 29 字，令人惊奇的是，这则铭文与现藏美国宾夕法尼亚大学博物馆的著名战国铜器“陈璋壶”的铭文竟然一字不差：“佳王五年，奠易（阳）陈曼（得）再立事岁，孟冬戎启（戊辰），齐臧鉽（戈）荇，陈璋内，伐匽（燕）亳，邦之只（获）”，记述的是齐宣王五年时，齐国出兵讨伐燕国，齐将陈璋参与此役，并缴获了战利品，这件铜壶便是其中之一。

原来，当年燕王哙听了别人的劝说，把王位让给了相邦子之，引起燕太子与子之两派势力之间的攻斗，燕国大乱，齐国趁机出兵攻陷燕国都城，把燕国宗庙中的礼器掳掠一空。这件重金络壶本来就是燕国宗庙重器，被齐国将领陈璋所得，于是就加刻了 29 字铭文，纪念这次胜利。壶口上的铭文，则是燕人自己所刻的。

第三节 秦汉时期的酒具

初榷酒酤

秦国在商鞅变法时，便推行了重农抑商的政策，规定“重酒肉之价，重其租，令十倍其朴”，用收取重税的办法来限制商人的利益，抑制人们对成酒的消费需求。在建立了专制主义的中央集权国家之后，秦朝仍坚持实行官方经营为主，抑制私家酿酒的政策。在《田律》中，明令“百姓居田舍者，毋敢酤酒，田啬、部佐禁御之，有不从令者有罪”，严格禁止农民经营酒类，酒业经营的自由氛围难以为继。

汉承秦制。汉律中有“三人以上无故群饮酒，罚金四两”的条款，可见汉初的饮酒之风还是比较盛行的。景帝中元三年（公元前147 年）夏旱，政府颁令，除祭祀用酒外，一律禁止官私酿酒，至后元元年（公元前143 年）才予以取消。武帝时，西汉进入全面繁荣阶段，激增的费用支出对国家财政实力提出了新的考验。

古代酒坊遗址复原图

当时，有一种定期的献金，由各封国的列侯按时送到京城，专用于宗庙的祭祀支出。这笔收入被称作“酎金”，文帝时曾为此颁布过酎金律。酎即重酿酒，指经过两次乃至多次行酿的醇酒。据《汉仪》记载，宫中正月旦作酒，八月成之，故名。每年八月，皇帝以三酎醇酒祭祀祖庙。各封侯助祭献金，已成惯例。献金的多寡以各自辖区内所控的人口数为依据，一般每千口贡金四两。武帝元鼎五年（公元前112年），发生了一件很严重的事情。少府在检查各地送来的酎金时，发现大部分的分量都不足，武帝知道后十分生气，命人查办，结果因此被革除爵位者多达百余人。酎金也成为武帝削弱诸侯势力的一个借口。

尽管政治上大有成效，可毕竟经济是一国兴盛的基础，广开财源，增强经济实力，已是摆在武帝面前的一个迫在眉睫的问题。终于，天汉三年（公元前98年）二月，武帝采纳了桑弘羊的建议，对酒实行榷酤，史称“初榷酒酤”（《汉书·武帝本纪》）。按照最初的规定，“县官自酤榷卖酒，小民不复得酤”，这是一种相当严格的官卖制度。

桑弘羊是武帝朝有名的理财专家，他对于社会上日益盛行的饮酒之风有着独到的认识。《史记》记载，在西汉所经营的三十余种可获利致富的热门行业中，酿酒是被列入第一等级的。酒的官卖实际是丰厚利润的一个代名词。榷酤政策极大地限制了工商业地主的既得利益，所以该项法令一经实施，便遭到了激烈的反对。昭帝始元六年（公元前81年），政府只得作出妥协的规定，罢免榷酤官，“令民得以律占租”，即向他们征收专门的酒税，以作为国家财政收入的一项固定来源。同时，对成酒的买卖限定价格，并以每升四钱为抽税标准。这就是中国历史上酒税的开始。王莽时期，一度恢复榷酒，并特设专职官员，对酒中之利十分重视。东汉初，刘秀废除了王莽苛政，也取消了榷酒政策。从此，民间生产、买卖酒类获得了官方的正式认可，榷酒转变为一种抽税制度，开创了以酒作为国家重要税源的先河。

非以亡王为戒

东汉末年，群雄割据，中国进入长期分裂状态。曹操挟天子令诸侯，在北方权势日重。他实行屯田，重视农耕，禁止酿酒，以利耕战。他在给献帝

的奏章中明确，希望颁令禁酒。孔融表示反对。他在给曹操的信中，说什么“高祖非醉斩白蛇，无以畅其灵”，“景帝非醉幸唐姬，无以开中兴”，曹操则以夏桀、商纣酗酒亡国为例，以古鉴为镜，以亡君为戒，着着实实地教训孔融一通。

可是，孔融继续反击曹操道：阁下既然说荒政丧国，那么请问夏桀、商纣不同样也沉湎于女色之中而使天下坐失吗？难道现在不该主张禁止婚姻，以绝女色乱政之途？想当初燕国国君让位于下臣，招致国败家亡，难道现在不该主张禁止禅让，以绝江山他属之虞？曹操认为孔融之言对其统治构成了挑战，这就为后来孔融的被杀埋下了宿因。孔融的一番奇谈怪论，干扰了曹操的禁酒计划。不过，后来在魏、蜀、吴三国中，都不同程度地实行过禁酒、税酒和榷酒政策。

废弛专卖

从汉代对酒实行专卖以来，私家经营的现象始终屡禁难绝。至明代，这个问题才得以比较彻底的解决。洪武二十七年（1394 年），太祖令民在京都开设酒肆。从此，明朝不再执行酒类专卖的政策。酒禁一经打开，社会上的饮风大为盛行，影响所及，连皇家也纷纷设立起酒醋曲局，来满足王室内部的消费需求。

取消酒禁和专卖之后，酒税征收才真正成为政府财政上的一项合理收入。与前代不同的是，明朝并没有设立专门的酒曲务，而是将此税并入商税，称为“官店钱”，其税率为三十取一。英宗正统七年（1442 年）又下令：“各处酒课，收取于州县，以备其用。”这样一来，酒课实际上转变为一项属于地方上的税收了。在酒曲方面，代宗景泰二年（1451 年）规定，每 10 块曲收税钞、牙钱钞、塌房钞各 340 文。相对而言，明代对酒类的征税是十分宽松的，针对违税行为，政府也有相关的措施，“凡卖酒醋之家，不纳课税者，酒醋一半没收入官，其中以十分之三付告发人充赏”（《续文献通考·征榷考四》），惩罚的程度也是较轻的。明后期，社会矛盾加剧，国家经济陷入危机，酒税也有加重的趋势，这一点是时代所决定的。

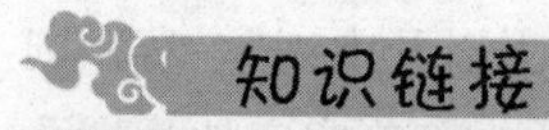

知识链接

蓬莱盏、舞仙盏

这是唐代李适之所珍爱的两种酒盏。据《燕闲清赏笺》上卷介绍，蓬莱盏有海上三仙山的造型，斟酒时以淹没三山为限度，之后饮酒时，随着盏内酒液的减少，三仙山便显露了出来，别有一番韵味。舞仙盏也是一种别致奇巧的酒具，酒盏上造有机关，当斟酒时，便会有仙人在酒盏上曼舞。唐代盛行歌舞送酒的习俗，造舞仙盏的匠人独运巧思，将高超的技艺和劝酒的习俗结合起来，给人以耳目一新的艺术享受。

山园铜缶

1960 年，在陕西省临潼县出土一件秦代铜缶，形似壶，小口，圆鼓腹，矮圈足，肩有四个圆环耳，通体光素。缶高 44 厘米，口径 19 厘米。底下有铭文二行 17 字："丽山园，容十二斗二升，重二钧十三斤八两"。"骊山园"即秦始皇骊山陵园，因此可以断定该铜缶是秦始皇陵园中的器物，骊山陵园正在临潼。

秦王朝是个了不起的帝国，却又是个短命王朝，所以传世的和新出土的秦朝青铜酒器并不算多。这件丽山园铜缶虽无复杂的附件和华美的纹饰，可它却是能明确认定属于秦始皇陵园中的用器，弥足珍贵。

《水经注》说，丽山"其阴多金，其阳多玉，始皇贪其美名，因而葬焉"。秦始皇亲自选址营造自己的陵墓，定名"丽山园"，前后花费了 38 年的时间，动用 70 余万劳力才修筑成，规模空前宏伟。《史记·秦始皇本纪》说，

酒坛

始皇陵的地宫深及三泉，用铜浇铸成椁室，里面建有宫殿楼阁，内列百官俑，满藏奇珍异宝。陵内设置若干弩矢机关，有敢盗墓者会被乱箭射死。地宫顶部绘天文星象，地面用水银灌注出江河湖海，用人鱼膏为烛，可长明不熄。现代考古学也证明始皇陵十分了得，陵园周长达 6 公里，那气势磅礴的兵马俑，皇气横溢的铜车马，均令人叹为观止。经科学测定，陵墓附近的土地含汞量甚高，证明所传用水银灌注江河湖海的说法也并非子虚乌有之事。

骊山陵园内建有享殿，设专人常年祭祀供奉。据考古发现，陵园内有多处秦代建筑基址，出土大量建筑构件和生活用具，其中有的陶壶刻“丽山食官”，有的陶壶刻“丽山园”。据《汉书 · 百官公卿表》载，奉常的属官有“诸庙寝园食官令长丞”，“丽山食官”就是掌管骊山陵园日常祭祀供奉的官员。据认为，“丽山园”铜缶应与骊山陵园出土的“丽山园”陶壶一样，都属于秦始皇陵园内的供奉用器。

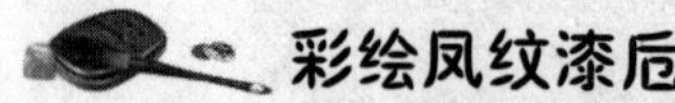 彩绘凤纹漆卮

这是河南省泌阳县官庄北岗三号秦墓中出土的一件漆器，通高 14.9 厘米，口径 10 厘米。现存河南省驻马店市文物管理委员会。

此卮为圆筒形，口底直径相等。盖面微隆，上面安装三个 S 形铜钮（其中一个已脱落），腹部有一环形鋬手，卮身底部镶一周铜箍，并在箍上铸有三个兽蹄状足。卮内髹褐漆，卮表髹黑漆，在黑漆上用黄金色和棕色漆绘变形凤纹和星点、菱形、曲线、双圈等几何纹。卮底中部用褐漆写一字体较大的羽（羽）字，卮底及盖内画有X形符号。

同墓出土的漆盒有“卅五年”“卅七年”等铭记，因而可以大体推定出，漆卮的制作时间约不晚于秦始皇 37 年（公元前 210 年）。

秦代的饮酒器具是杯（耳杯）、卮并举。秦朝末年，沛公刘邦率张良、樊哙等赴项羽鸿门宴，项庄舞剑，意在沛公，樊哙带剑闯宴，怒视项羽，头发上指，目眦尽裂。项羽说：“壮士，赐之卮酒。”侍者“与斗卮酒”，樊哙立而饮之。斗卮，大号酒卮，可容一斗。饮毕，项羽问：“壮士，能复饮乎？”樊哙答：“臣死且不避，卮酒何辞！”一股视死如归的英雄豪气，从精神上给了项羽一种威慑力，而后，保护刘邦脱逃而去，立了保驾大功。后来，孔融反曹操禁酒时还说：“樊哙解卮鸿门，非彘肩卮酒，无以奋其怒。”把樊哙护驾之功，归因为喝了项羽一大卮酒。

秦代杯、卮并行之习，延至汉代不衰，但汉代以后便罕见酒卮了。

怪鸟漆杓

怪鸟漆杓是“文革”期间出土于湖北省云梦县的一座秦代墓葬中，墓地所在的地方，是县城西郊一个名叫睡虎地的小山嘴。

怪鸟漆杓为木胎，雕刻成怪鸟状，鸟颈细长竖立，鸟头像是兽头，双耳直立，鸟背上凿有椭圆形口，鸟尾宽平。杓内髹朱漆，其他部位均在黑漆地上用朱、褐色漆彩绘怪鸟的羽毛和头部五官，尾下有两处烙印，文字多已模

糊不识。杓高 13.13 厘米。

鸟形漆杓是秦代创制的一种新型漆器，采用木雕胎骨，以鸟之头颈为杓把，在鸟背上凿挖椭圆形杯腔，有的还雕刻出鸟尾，有的则只将杓口尾部削成尖状表示鸟尾。杓内平涂朱漆，不施花纹。鸟的羽毛一般只在胸部绘出一区，有如孔雀尾羽状。鸟颈则绕以彩道，加施彩点，而在鸟身两侧绘简单的几何纹。采用这种装饰技法，避免了花纹的过度繁乱，省却了工时，而又并不使人感到有明显缺憾。在视觉上，我们感觉其鸟羽鸟翅是俱全的，这是其装饰艺术的成功之处。鸟形漆杓一般都是鸟头，而这件漆杓却采用了兽头，陡添几分诡秘。

怪鸟漆杓造型奇特，花纹精美，光彩照人，是秦代鸟形漆杓中的珍品。关于其用途，可能有如下两种：第一，是挹酒的勺具；第二，是饮酒的杯具。从形制和容量来看，这两种用途都算合适，但若从它有着宽大的尾巴来看，则应以做饮酒杯具的可能性更大。

镶琉璃铜壶

镶琉璃铜壶 1968 年出土于河北省满城西汉中山靖王刘胜墓中，系中山靖王刘胜使用过的精美酒器之一。《史记·五宗世家》记载，刘胜“为人乐酒好内”，即沉溺酒色，在刘胜墓中发现大批酒器也证明了这一点。

该壶形制与其他同时代铜壶并没有太大差别，而其装饰却别具风格。它采用了鎏金银和镶嵌银、琉璃两种装饰工艺，把壶体打扮得绚丽多彩，光华耀目。壶口和圈足上部各有一周鎏金带，肩、颈之间和中腹、圈足下部各饰一周鎏银带。主题花纹是颈、腹部的三组带状花纹，皆是在鎏金斜方格内填嵌菱形和三角形的绿琉璃片，再在其上刻上网纹和圈点。在空白处填镶银珠。壶盖周缘鎏金，盖面饰鎏金方格，镶银珠、嵌琉璃片，就连盖上的云形钮和耳亦鎏金。全器之上，金黄、银白、琉璃绿，方格、圆珠、网点纹，立体交织，相映成辉，雍容大方，华贵无比。

在铜壶底部刻有铭文，有“长乐食宫”字样。“长乐”指汉代皇宫长乐宫。“长乐食宫”指此壶归长乐宫膳食宫掌管。可见该壶原是汉长安城长乐宫

中之皇家宝器，无怪乎制作得如此穷奢极侈。至于这件皇家御用之物如何到了刘胜墓中，还是个尚未解开的谜。有学者推测，可能是皇家的赏赐品。

铜酒筒

铜酒筒1983年出土于广州市西汉南越王墓，是西汉时期南方人常用的一种盛酒器具。南越王墓中共出土十多件，往往两三件大小相套。该筩呈直筒形，腹壁呈曲弧状，上腹安双耳，平底下置矮圈足。腹上饰三组几何纹。主题花纹在筒腹中部，为四组羽人驾舟图。据专家研究，这是一个杀俘虏祭水神的场面。船上旌旗高飘，刀剑耀眼，鼓声催魂，气氛肃穆、激昂、悲壮，惊心动魄，非常壮观。

广州出土的汉代陶提筒上有墨书“减酒十石，令兴寿至二万岁”等字样，由此证明南越王墓出土的铜筒亦为盛酒之器，作用类似中原的铜壶、铜卣之类。

这件铜酒筒上的人物场面，是一幅绝妙的叙事画卷，将越人的形象、服饰、习俗、器物乃至当时的水禽海物等，都惟妙惟肖地再现在我们面前。这件具有明显南越人土著特色的器物与南越王墓中出土的具有明显中原风格的青铜礼乐器杂处在一起，真实地再现了具有汉族文化和越人文化混合体的南越国文化。

漆画榼

漆画榼1972年于湖南长沙马王堆一号汉墓出土，旋木胎，圆体，小口，细颈，扁圆腹，有圈足。弧顶盖上有云状三钮。器内髹红漆，外髹黑漆，并绘红色或灰绿色花纹。口沿和圈足饰红彩波折、水点纹，颈绘红彩鸟形花纹，腹部绘红或灰绿色卷云纹。盖面绘红色卷云纹。外底正中朱书“右”字。

榼，即钟，形同壶。铜质为钟，木质为榼。《说文》说：“钟，酒器也。”河北满城汉墓出土的铜钟，形制与上述漆画榼相同，肩上有铭文“中山内府钟一，容十斗”。甘肃武威磨嘴子东汉墓出土的釉陶钟上墨书“酒钟”二字。

马王堆一号汉墓中遣策第一七六、第一七七号竹简均写有“膝画榸一，有盖，盛温酒”，并且此墓的两件漆画榸中，出土时榸内还有酒滓。这些都说明，榸和钟为酒器确尚无疑。

“阳信家”温酒铜杯炉

“阳信家”温酒铜杯炉共两套，出土于陕西省兴平县汉武帝茂陵东侧一号陪葬冢的丛葬坑中，每套包括一杯一炉，形制相同。炉呈椭圆体，周壁有三角形镂孔，口沿上有四个承杯支钉。炉底镂两排条孔成为火箪子，火箪子下有接灰盘，三个炉足呈兽蹄状。炉柄从炉腹伸出，柄端作桃形。炉身、承盘、三足及手柄，系分别锻制后焊接成整体。炉上承托一件铜耳杯，耳杯的形状与其他耳杯无异。炉与杯上均刻有铭文，其中一件铜炉高 7.9 厘米，口径 8.8～13.3 厘米，铭文为“阳信家铜炉，重二斤七两，三年曹孟所买，第六，函池”，相配的耳杯长 15 厘米，高 4.1 厘米，铭文是“阳信家铜杯，容二升，重 15 两，三年曹孟所买，第五，函池”。

古代酒坊复原图

从其铭文可以知道，这套酒器的两个部分叫作杯、炉，这非常难得。而且杯上标明了容量，为我们了解汉代酒文化提供了极好的材料。

茂陵陪葬冢从葬坑出土铜器中，有9件标明了自身容量，经实测换算推知，西汉一升约合201毫升。《太平御览》引《续汉书》说，东汉大学问家郑玄“饮三百余杯不醉”，其事在《郑玄别传》中记载更详，说当年袁绍为郑玄饯行，蓄意灌醉郑玄。当时参加宴会的有300人，酒至半酣，300人逐一前来敬酒，从早上一直喝到傍晚，郑玄连饮三百余杯，却仍然“秀眉明目，容仪温伟”，传为美谈。三百杯，总共是多少酒呢？按照上面所说铜杯的容量二升计算，三百杯共是120升，大约可装满现今普通酒瓶200瓶！尽管郑玄是从早喝到晚，当时酒的酒精含量低，然而即便是这样，一场酒宴一人独喝120升酒，仍是惊人海量。不过，据曹操《董卓歌》说，郑玄后来“行酒伏地气绝”，把性命搭在了饮酒上。

知识链接

白居易与四神温酒铜杯炉

四神温酒铜杯炉是1982年12月在山西省太原市太原钢铁公司尖草坪医院的一座西汉墓中出土的。全器由耳杯、炭炉、底盘三部分组成。炉身上部为椭圆形，四壁雕镂四神：两侧壁为朱雀、白虎，两端壁为青龙、玄武，炉口长12.3厘米，宽7.5厘米。口沿上有四个支钉，铜耳杯恰好嵌置在支钉上。炉身的下部呈长方形，炉底铸两排长条形镂孔成为火箪。炉下四足雕塑成四个侏儒，反手共抬炉体。灰盘呈圆角长方形，浅腹，无纹饰。曲柄安装在炉体下部，柄长10.5厘米。耳杯为椭圆口，窄耳微翘。杯炉套合后通高11.5厘米。

这套铜器是用来温酒的，把燃烧的炭火放在炉内，杯中添酒，即可给

酒加温。四神镂孔可散烟拔火，底箄可通氧助燃，并随时从这里清除炭灰，灰盘是专门接盛灰渣的。其设计科学、卫生、方便、适用。唐代诗人白居易《问刘十九》诗云："绿蚁新醅酒，红泥小火炉。晚来天欲雪，能饮一杯无?"天寒地冻，取一红泥火炉，置酒炉上，慢加温，细斟酌，其乐融融。然而红泥火炉，似乎远不及这种青铜炭炉更为精巧高雅。试想，在隆冬时节，或夫妇二人对坐，或知心朋友小聚，面前各置铜杯炉一套，一边弄火取暖，一边品酒倾谈，其情其景，融洽可亲，可谓酒不醉人人自醉!

同类青铜酒器在陕西兴平、咸阳、山西浑源、河北隆化、安徽天长、湖南长沙等地均有发现，且皆系西汉文物。

第四节 魏晋南北朝酒具

盯杯与漆器时代

1600 多年前，东晋大书法家王羲之写过一篇骈散结合，集叙事、写景与抒情于一体的《兰亭序》，里面描写的"流觞曲水"很吸引人：那是东晋永和九年（353 年）暮春之初的三月三日，王羲之和当时的名士谢安、孙绰等 42 人，在会稽山阴（今浙江绍兴）的兰亭，按照修禊的习俗，借着清清的溪

水，“流觞”饮酒，吟诗咏怀。流觞的酒杯是一种木胎的髹漆酒杯，椭圆形浅浅的杯身，两侧有一对耳朵形或新月形的杯把，人们称它为盛着酒浆的耵杯像小船一样沿着曲折的溪水漂浮而下，漂到谁面前，谁就拿起来一饮而尽。这就是“流觞曲水”。宗懔《荆楚岁时记》“三月三日，土民并出江渚池沼间，为流杯曲水之饮”，就是关于这一习俗的记载。

这种独特的饮酒习俗盛行于汉魏至南北朝时期，这与漆器的盛行是分不开的。如果没有耵杯，便不会有曲水流觞之举。

漆器取代青铜器用于饮食始于秦代，盛行于汉魏两晋，有盛酒的漆壶，饮酒用的漆耵杯、漆卮等。到南北朝时饮酒用的漆器便逐渐衰落了。通过考古发掘也可以清楚地看到这一点。1975 年，考古工作者湖北云梦睡虎地发掘了一座秦墓，出土了许多漆器，其中仅耵杯就有 23 件。而青铜器饮食器已罕见了，只有一件青铜鼎。后来发掘了马王堆汉墓、扬州西郊汉墓和临沂金雀山汉墓等汉代文化遗址，出土的饮食器已经全是漆器了。例如，山东临沂金雀山周氏墓群共出土 74 件漆器，其中耵杯就有 47 件，但无一件青铜酒食器具。其他汉墓出土的情况也基本如此。两晋后的墓葬中耳杯开始少了，青瓷酒具开始出现了。

有趣的是，关于汉魏两晋南北朝时人们用耵杯饮酒的场面在壁画中被展现出来。1968 年江苏丹阳县的南朝墓葬中，有砖刻壁画竹林七贤图。画面中山涛留着长须，赤脚曲膝坐在皮褥子上，手中拿着这种耵杯正在吃酒。

与耵杯同时流行使用的漆器还有漆卮（盛酒的器皿）、漆碗（饮酒饮水器皿）、漆壶（盛酒器）等。漆卮大多呈圆柱体，有把手。当时的漆酒具大多数器外涂黑漆，上面用朱漆绘着装饰纹样；器内涂着朱色漆，显得庄重典雅。

南北朝时，漆器开始衰落了。其主要原因大约有三点：一是漆器工艺复杂，从取漆到夹纻涂制周期长，耗工多，成本高，一般人使用不起；二是漆饮食具忌盐、蟹、莼菜等物，而且有些人的皮肤对漆器过敏；三是瓷器兴起使漆器相形见绌。这种种原因表明，漆酒食器皿被人们冷落也是不可避免的。

值得一提的是，漆酒具盛行时也仅限于当时的上层人物，一般平民百姓的酒具主要是陶器。

《竹林七贤图》上的酒杯与勺

竹林七贤是指我国晋代名士阮籍、嵇康、山涛、向秀、刘伶、阮咸、王戎，七人常集于竹林之下，肆意酣畅，故世谓“竹林七贤”。

竹林七贤面对国家的腐败政治而无能为力，在老子、庄子思想影响下，逃避现实，饮酒清谈。据说，他们放旷不羁，不为礼俗拘束，常为“散发裸身之饮”，因而与酒有不解之缘，这里略举几例。

刘伶自称：“惟酒是务，焉知其余?”他著有散文名篇《酒德颂》，对酒之“功德”大加颂扬，说：“捧罂藉糟，衔杯漱醪，奋髯箕踞，枕曲藉糟，无思无虑，其乐陶陶。”《世说新语》载，某天刘伶十分馋酒，喊妻子取酒喝，其妻涕泣而劝道：你喝酒太过分，对身体不利，应该戒酒。刘伶答：你说得很对，不过我自己还戒不了，需要面对鬼神起誓才能断酒。其妻便准备了酒食供于神位前，刘伶跪而祝道：“天生刘伶，以酒为名。一饮一斛，五斗解酲。妇人之言，慎不可听。”说完饮酒吃肉，隗然而醉。《晋书·刘伶传》载，刘伶“常乘鹿车，携一壶酒，使人荷锸而随之，谓曰‘死便埋我’。”故陆游

竹林七贤图

《纵游》诗云“百钱挂杖无时醉，一锸随身到处埋”。

阮籍“傲然自得，任性不羁，而喜怒不形于色”，经历了三国魏、西晋两朝，时当“魏晋之际，天下多故，名士少有全者”，阮籍为避免卷入政治，终日酣饮，不问世事。晋文帝司马昭想为其儿子司马炎求婚于阮籍，阮籍机智地一连醉酒60天，使司马昭无法开口而作罢。后来听说“步兵厨营人善酿，有贮酒三百斛，乃求为步兵校尉”，为了有好酒喝，竟放弃了东平相、大将军从事郎中等职务，自荐去当步兵校尉，“虽去佐职，恒游府中，朝宴必与焉”，借以参加各种宴席。阮咸是阮籍之侄，精于音乐，善弹琵琶，《晋书》说他“处世不交人士，惟其亲知弦歌酣宴而已”。他最有趣的故事，是以大盆盛酒，与一群猪共饮。

山涛饮酒，有八斗的酒量，自己能准确掌握。有一次，皇帝要试一试他，宣称给他八斗酒喝，而暗中令人多加了一些。不料，山涛喝足八斗便不再喝了，连皇帝也称奇。

在南京市西善桥东晋墓中，发现刻砖壁画《竹林七贤图》，图上人物袒胸跣足，坐于林中弹歌酣饮。在阮籍、山涛和王戎面前，各有一凫头勺，勺头呈圈足钵状，有柄弯如凫首。王戎勺内，还画有一只小鸟。山涛、王戎和刘伶每人还有一件耵杯，杯作元宝形，两端微翘，双耳较短。其中山涛举杯欲饮，刘伶则左手端杯，伸右手小指挑取杯中杂物。

这一时期的酒杯，与出土文物中魏晋时期的耵杯较相像，王戎的耵杯带小圈足，与1958年在南京市新民门外老虎山六朝墓中出土的陶耳杯一模一样，已开后世酒盏之先河。图中的酒勺，其形与汉代画像中的圈足樽（无柄）及鸟头柄魁很相似，其远祖可追溯到东周的鸟头勺。晋人束皙《贫家赋》有句道“持缺耳之破杯”“举短柄之掘勺”。也是说晋代的酒器主要就是杯、勺，而且杯有耳，勺有柄，与图上的画像正好吻合。

夔凤玉卮

这是一件曾在清代皇宫中珍藏过的东汉玉宝，现藏北京故宫博物院中。

此卮系采用优质新疆和阗青玉制成，局部有褐色和紫红色浸蚀。卮身呈

铜爵

圆筒形，配圆形隆顶盖。盖顶中央有圆钮，其上饰旋涡纹，边沿作凸出的三花瓣形，每瓣均有穿孔。盖面上还有三个立雕羊首为装饰。卮身通体以勾连云纹为锦地，锦地上隐起变形的夔凤纹三组。环形鋬在腹部中段，上饰一兽面。卮底三足呈兽蹄状等距分立，腹上近足处亦各有一兽面纹。通高 12.3 厘米，口径 6.9 厘米。

汉代玉器素享盛名，“汉玉”几乎成了古代美玉的代名词。北京故宫珍藏的这件汉代玉卮，设计新颖，纹饰精美，琢磨细润，是汉代玉制器皿中的最佳作品，可谓宝中之宝。据知，汉代玉雕酒卮，目前国内仅此一件，因而更显得珍贵无比。

关于这件玉器名称和用途，专家们曾有个认识过程。以前，一般说它是贵妇人的梳妆器具——奁。后来，由于在山西右玉出土一件汉代铜器，有铭文自称为“温酒樽”，其形状与这件玉器相同，因而不少人转而称这件玉器为樽，并确定为酒器，较之前人的认识大有进步。可是，这种看法仍不很妥当，实际上，这件玉宝应称为玉卮，是饮酒器。综观汉代出土文物中的酒器，樽、

卮往往有形制相仿者，均为深腹圆筒状，下有三矮足，二者的区别在于，樽的形体大，双耳；卮的形体小，单鋬。樽为盛酒器，而卮为饮酒器。只是，汉代的酒卮以无足者为多，有足者居少数。

知识链接

鞋杯

元明以来，在女人绣花弓鞋里放置酒杯的“鞋杯”行酒之俗，在相当一部分文人、富商和市民的酒宴上盛行。女人裹足之俗始于南唐李后主的宫嫔窅娘，到宋代，大家闺秀和小家碧玉都裹起足来，“凤鞋弓小金莲衬”（卢炳《踏莎行》）。自此始，以三寸金莲为美的畸形审美观在社会上盛行起来，鞋杯正是在这样一种社会风气下产生的。元代人曾有这样的吟咏：

弓鞋

帮儿瘦弓弓地娇小，底儿尖恰恰地妖娆。便有些汗浸儿酒蒸作异香飘。潋滟得些口儿润，淋漉得拽根儿漕，更怕那口噙咱的展涴了。（刘时中《鞋杯》）

弓鞋里的臭汗和酒气混在一起竟被吟作异香飘，可见当时人们的变态心理。到了明清时期，用鞋杯饮酒的风气更盛，市井之中，深宅大院之内，床帏之间，鞋杯时常可见。《金瓶梅词话》《聊斋志异》等小说皆有这类内容的描写。

黑釉鸡首瓷壶

鸡首壶，是指以雕塑鸡头为装饰成壶嘴的瓷壶，创制于三国时期，盛行于两晋，其前身是盘口双系壶。据专家研究，鸡首壶是南方越窑首先烧造的。西晋的鸡首壶通常是在小盘口壶的肩部对称地贴塑鸡头和鸡尾，鸡头为纯装饰，不通壶腹，造型较简单些，容量也小。东晋时的鸡首壶，盘口较小，细颈，壶腹饱满肥硕，前肩安鸡头，有的鸡头呈空心状，通壶腹而成为流嘴。后肩装弧形执柄，柄接壶口。左右肩部往往还有双系钮。在东晋时期，鸡首壶成为我国南方普遍使用的一种酒器，后来，陆续在东起江浙、西到四川、南至两广这一广大地域内发现了东晋鸡首壶。

鸡首壶以青釉者最常见，而黑釉者较少。东晋时的德清窑以烧造黑釉瓷器著称，在浙江省德清县出土的一件东晋黑釉鸡首壶，便是德清窑的精品。

这件黑釉鸡首壶，造型端庄秀丽，釉色匀润稳重。盘状口，细颈，壶腹扁圆，鸡首昂立，鸡喙塑作圆管状，恰成壶嘴，肩安桥形双系钮。通高 18 厘米，现藏北京故宫博物院。

鸡首壶在南北朝时期又有进一步发展，形体走向挺拔高大，流行龙形执柄。隋代的鸡首壶以壶体修长俏丽、鸡头雕塑精美逼真而著称，入唐以后，鸡首壶便被酒注子（瓷执壶）所取代。

青瓷莲花樽

青瓷莲花樽是我国南北朝时产生的堪称艺术佳品的大型盛酒瓷器。1972 年，在南京市麒麟门外灵山的梁代大墓中出土一件，白瓷胎，青绿色釉微泛黄。其主体部分是由仰覆相对的两朵莲花构成。喇叭形口，细高颈，圆鼓腹，高足。造型凝重厚实，气魄雄伟。其装饰更是手法多样，雍容大方，华贵俏丽。颈部饰模印贴花，内容有飞天、熊和二龙戏珠。上腹由两层模印双瓣覆莲、一轮菩提贴花和一组瘦长的覆莲组成。下腹为一组双层模印仰莲。足部饰双层覆莲。盖上有莲瓣环绕四周。可见，全器装饰是以莲花为主，但又不

是莲花自然形态的简单再现，而是经过艺术家的概括、抽象和变形、组合，使之成为光彩照人的艺术佳作。樽高85厘米，现藏于南京市博物馆。

与之几乎一模一样的青瓷莲花樽，在河北省景县北朝封氏墓中也出土一件，高55.8厘米，现藏北京故宫博物院。两件青瓷艺术品的年代相若，形制相同，甚至连花纹也相差无几，然而却分别出土在相距千余里的两个地方，古代中华文化的整体性，由此可见一斑。

说到南朝梁代的莲花瓷樽，便想起梁简文帝的赏莲诗《咏芙蓉》，诗云："圆花一蒂卷，交叶半心开。影前半照耀，香里蝶徘徊。欣随玉露点，不逐秋风催。"诗意恬静、雅致、娟秀，似含羞少女，而莲花樽则雄浑、矫健、豪迈，若健美少男。

青瓷莲花樽

"胡腾舞图"瓷扁壶

1970年，河南省安阳县洪河屯公社西北街大队的农民在农田浇灌时，忽见水一个劲地往一个地洞中灌，原来，地下有座古墓。经发掘，从墓中出土的墓志知道这是一位北齐高官的墓葬，墓主人名叫范粹，边城郡边城人，官居骠骑大将军、开府仪同三司、凉州刺史，武平元年（575年）死于邺都天官坊，年仅27岁，葬于邺城西门豹祠之西15里处。

胡腾舞图瓷扁壶是范粹墓中的随葬品，扁体，圆口，细颈，颈旁双耳，

造型别致，壶高 20.5 厘米。壶腹两侧模印相同的浮雕乐舞人物。画面的中心为一舞蹈者，着窄袖翻领长袍，右手上举舞动，左手下摆后勾，甩头扭腰，舞姿潇洒有力，脚下踏莲花座。在他的左侧，一人击掌合节，一人吹羌笛；其右侧，一人拍钹，一人弹琵琶。舞蹈及伴奏者均为胡人胡服，表现的应是有名的胡腾舞。胡腾舞以旋转、踏跳、腾跃为基本动作，粗犷、奔放、热烈，是西域胡人的乐舞。

胡腾舞在唐诗中曾有描述。刘言史《王中丞宅夜观舞胡腾》云："石国胡儿人见少，蹲舞樽前急如鸟。织成蕃帽虚顶尖，细氎胡衫双袖小。手中抛下蒲萄盏，西顾忽思乡路远。跳身转毂宝带鸣，弄脚缤纷锦靴软。四座无言皆瞪目，横笛琵琶遍头促。乱腾新毯雪朱毛，仿佛轻花下红烛"。李端《胡腾儿》则说："胡腾身是凉州儿，肌肤如玉鼻如锥。桐布轻衫前后卷，葡萄长带一边垂。帐前跪作本音语，拾襟摆袖为君舞。扬眉动目踏花毡，红汗交流珠帽偏。醉却东倾又西倒，双靴柔弱满灯前，环行急蹴皆应节，反手叉腰如却月。丝桐忽奏一曲终，呜呜画角城头发。"这两首唐诗对胡腾舞表演者的出身、性别、服饰、动作、表情以及伴奏乐器，都做了描述，甚至连观众的"瞪目""无言"也提到了，这与范粹瓷扁壶上的乐舞图无不相合，把二者结合起来，我们便对当时的胡腾舞有了较全面的认识。

李端说"胡腾身是凉州儿"，范粹正在凉州做刺史，他对胡腾舞自然非常熟悉，用"胡腾舞图"瓷扁壶随葬，表明了他对胡腾舞的热爱。

北朝和隋唐时期，我国与西域的交往均较频繁，北齐在中西交通史上有着重要的地位。胡腾舞图瓷扁壶从造型到花纹，都具浓厚的西胡风格，应是中国工匠仿照西域胡壶所制。

李希宗墓葬酒具

李希宗是北朝东魏之重臣，官居司空，史书说他“阴谋不唯九事，奇策非正六条”，为相王高欢出谋划策，深受器重，并曾“从军塞外，追虏关山”，军功卓著。其次女是齐王高洋之妻，故此李希宗在当时地位显赫，名望甚高，“蔚为社稷之臣，俄有合辅之望”，被高欢视为左右手。李希宗死，高欢“舍繁驵而行哭，登鸿波而垂涕”。1975 年冬，李希宗夫妇墓在河北省赞皇县南邢郭村被发现，墓中出土一批文物，包括一套酒具。这套酒具计有铜托盘一件，铜鐎斗一件，铜壶一件，银盏一件，瓷碗 5 件。出土时的配置情况是，铜盘中央是鐎斗，周围放铜壶、银盏和瓷碗。

铜盘平底浅腹，直径 49 厘米。铜鐎斗，鎏金，圆口，侈沿，直腹，平底，牛腿形三足，扁平柄，高 10.2 厘米。铜壶，鎏金，盘口，细颈，深肥腹，平底，盖上有宝珠形钮，高 13 厘米。银盏，形似碗而腹浅，敞口，圈足。口沿内饰联珠一周，杯底浮雕六瓣仰莲，仰莲周围绕饰联珠两周。盏腹錾成凹凸水波纹状。青瓷碗，青灰胎，青绿釉，有冰裂纹，直口深腹，小实足，形体秀气。

这套酒器包括了盛酒、温酒和饮酒三种功能的酒器，其壶、鐎斗鎏金，属高档奢侈品。银盏作工精良，花纹独特，它巧妙地应用了光学原理来设计纹饰，当盏内盛酒时，便会产生清波荡漾、莲花浮现之美感。

第五节 隋朝时期的酒具

金钔白玉杯

西安市在隋唐两代为京都之所在，皇亲国戚的聚集地，因而这里常发现当时的贵族墓，李静训墓便是其中一例。

李静训的父亲李敏官至光禄大夫，母亲是周宣帝之女宇文娥英，外祖母杨丽华是隋文帝长女、周宣帝皇后。李静训幼年时在皇宫中随外祖母生活，9岁时夭折，葬于京城长安县休祥里万善道场之内，位于皇城西。别看只是个9岁女孩，由于其贵族身份，埋葬十分丰厚。石椁石棺雕制精美，随葬大量金、银、玉器和瓷器、玻璃器等，仅是一条镶嵌珍珠和红蓝宝石的金项链，一对嵌珠金手镯和两枚金戒指以及金质发饰、衣饰等，便把她装扮得浑身上下珠光宝气，连手指尖上都戴着银指甲套。

金钔白玉杯

在随葬的金、银、玉器中，均包含酒器，其中以金钔白玉杯最为珍贵。这件玉杯直口微侈，下有假圈足，杯口内外镶金沿一周，金沿宽6毫米，金重9.4克。杯高4.1厘米，口径5.6厘米。该玉杯造型典雅，用材高贵，

作工精湛，黄金、白玉，相映成辉。

此外，金杯、银杯也都弥足珍贵。金杯的杯身与玉杯相仿，有高足，杯身与高足焊接为一体，杯上装饰的凸弦纹也是用金条焊上去的。金杯通高 5.7 厘米，口径 5.7 厘米，重 49.4 克。银杯中有一件与金钔白玉杯相仿，另一件与高足金杯相似，大小亦均相仿佛。

这几件金、银、玉杯，小巧玲珑，容量都很有限，极可能是专门为李静训特制的小型酒杯。

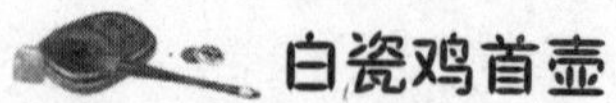

白瓷鸡首壶

李静训墓中还出土了一件白瓷鸡首壶，白色胎骨，白色釉，有细冰裂纹，釉子只施及壶腹下部，底及接近底部 2 厘米的腹部无釉。壶口呈深盘状，细颈，颈有凸弦纹两周，肩与颈相接处又有凸弦纹一周，肩圆隆，肩下有两道凹弦纹。壶腹上肥下瘦，近底处复又外展，平底。前肩塑一鸡之半身，昂首挺胸，高冠圆目，作引颈啼叫状。颈上有条纹表示羽毛，形象逼真，神态栩栩如生。左右肩各安一系，均作双瓣重合状，其下端贴圆钉饰，大约是仿金银器上的铆钉。后肩有上伸的把柄，呈二龙探首状，龙头有双角，张口衔壶口。壶高 26.5 厘米。

该壶胎骨细腻厚实，表釉均匀。造型挺拔秀丽，线条刚柔相济，肩上的鸡首，栩栩如生。它既具北朝和隋代瓷器所特有的浑厚凝重，又不乏灵秀活泼。加之器表施白釉，使之成为隋代稀有的珍品。

鸡首壶创始于三国时期，两晋鸡首壶均形体肥矮古拙，此后逐渐变得瘦高挺拔。李静训墓中的这件鸡首壶，比例恰当，形体秀美，工艺讲究，是我国古代鸡首壶中的佼佼者。只是其肩上的鸡首为纯装饰物，未能设计成可以通壶腹的流嘴，似属缺憾。不过它虽不及唐代的有流嘴的酒注子方便实用，却是精致的美术陶瓷，让人在使用该壶斟酌时得到美好的艺术享受，相形之下，那小小的缺憾，实在微不足道了。

西安市郊隋代李静训墓中出土的白瓷非常著名，除了白瓷鸡首壶之外，还有一件双腹白瓷壶。该壶白胎白釉，胎质纯净细腻，釉色光亮温润，有细

小的冰裂纹。这件白瓷壶形体秀美，线条优美，富有时代特征。尤其是一壶双腹之设计，独具风格，令人耳目一新，是古代瓷酒器中的珍品。

管圈腹青瓷执壶

隋唐时期流行青瓷和白瓷壶，一般都是圆腹，器形凝重敦厚。而这里介绍给大家的一件新颖独特的青瓷鸡首壶，则显得轻巧灵秀。

这件青瓷壶最有特色之处，是它的腹部制成圆圈状空心管，灵秀奇特，颇有新意。盘状口，细高颈，颈饰凸棱，肩安四系，执柄呈双龙衔壶沿状，龙身下接壶之后肩，前肩上原有装饰物，应是鸡首，惜已残失。壶腹下有圈足。通高 25 厘米，壶体宽 13 厘米。

该瓷壶胎骨呈灰白色，通体施釉，釉色绿中泛黄，下体有流釉和玻璃珠状垂釉现象，釉面满布细碎的冰裂纹。这件瓷壶的胎体虽然也较厚实，与隋代常见的瓷壶无异，然而其采用的特殊造型，完全遮没了一切厚重之感，给人一种清新和灵巧之美感。它是河南省新乡市博物馆所藏的隋代青瓷珍品。

知识链接

古代的煮酒灭菌技术

古代加热杀菌技术的采用，可能经历了“温酒”“烧酒”，再发展到目的明确的“煮酒”这一过程。大约在汉代以前，人们就习惯将酒温热以后再饮，到了汉代，已有温酒樽这种酒器。温酒在一定程度上也有加热灭菌的功能。

“烧酒”一词，最初出现于唐人的诗句中。由于诗句中并没有说明烧酒的具体制法，具体含义不清，留下千古之谜。唐朝房千里所著的《投荒杂

录》和刘恂的《岭表录异记》也提到烧酒，而且讲述了其制法。实际上所谓“烧酒”就是一种直接加热的方式，而并不是蒸馏的方式。这两本书所记载的大同小异，即“实酒满瓮，泥其上，以火烧方熟，不然不中饮”。

“火迫酒”的做法与上述的烧酒相同，在《北山酒经》叙述得较为详细，其过程是在酒瓮底侧部钻一孔，先塞住，酒入内后，加黄蜡少许，密闭酒瓮，置于一小屋内，用砖垫起酒瓮，底部放些木炭，点火后，关闭小屋，使酒在文火加热的情况下放置七天。取出后，从底侧孔放出酒脚（混浊之物）。然后供饮用。

隋唐时期的烧酒和宋代的火迫酒，都不是蒸馏酒，人们采用这种做法的目的是通过加热，促使酒的成熟，促进酒的酯化增香，从而提高酒质。这种技术实际上还有加热杀菌，促进酒中凝固物沉淀，加热杀酶，固定酒的成分的作用。火迫酒的技术关键看来是文火缓慢加热，火力太猛，酒精都挥发了。火力太弱，又起不到上述所提的作用。从酒的质量来看，火迫酒胜于煮酒。书中说此酒“耐停不损，全胜于煮酒也”。

虽说火迫酒质量优良，但生产时较为麻烦，时间也较长（七天）。作为大规模生产，显然火迫酒的这一套作法不大合适。相比之下煮酒较为简便易行。煮酒，可能就是从唐代的“烧酒”演变过来的。两者的主要区别是唐代的烧酒是采用明火加热，宋代的煮酒是隔水煮。明确记载的煮酒工艺早在《北山酒经》问世之前就被采用。《宋史》卷185中“食货志”中有此记载。

《北山酒经》中较详细地记述了煮酒技术，其方法是：将酒灌入酒坛，并加入一定量的蜡及竹叶等物，密封坛口，置于甑中，加热，至酒煮沸。

煮酒的全套设备就是锅、甑和酒瓶。这说明是隔水蒸煮。这种配合是比较原始的。但与唐代的“烧酒”方式相比又有了进步，酒的加热总是在100℃下进行，不致突然升温引起酒的突然涌出。

第三章

唐宋元时期的酒具

唐代是中国文化发展最灿烂的一个时代，从李白、杜甫、白居易等大诗人，到一些籍籍无名的小诗人，很多都与酒结下了不解之缘，在他们不朽的诗篇中留下了很多酒的印记。

宋代经济发达，酒类繁多。

元朝的统治时间虽然短暂，但酒的发展却毫不逊色于其他朝代。

当时最有名的酒当属“阿刺吉酒”，它是蒸馏酒的代称，元朝的葡萄酒也很有名。

这一时期的酒具与酒器也是异彩纷呈，多种多样。

第一节 唐时期的酒具

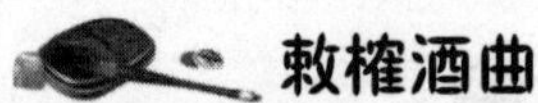

敕榷酒曲

由于财政的需要，禁酒、税酒、榷酒政策的交替实行一直沿用到隋朝建立。开皇三年（583 年），隋文帝诏“罢酒坊”，免征了所有酒类经营的专项税收。这可是一项十分难得的利民政策，难怪此令一出，“远近大悦”（《隋书·食货志》）。

唐前期继续实行隋朝的这种开放性政策，不限私营酒业的发展，遂有“唐初无酒禁”（《新唐书·食货志》）之说。唐朝的大都会长安还多次被“特免其榷”，成为全国唯一的一个酿酒免税的城市。这项特殊的规定，吸引了不少外地商人纷纷涌来，大街小巷酒肆林立，八方技艺荟萃，使长安成为名盛一时的酒都。

唐中期以后，政府开始调整酒业政策，对酒业生产加强了控制。据《通典·食货典》记载，代宗广德二年（764 年）下令：“天下州各量酤酒户，随月缴税。除此外，不论官私一切禁断。”这是官方对酒征税的明确规定，其中有关对酤酒户额的限定，还多少包含了点禁酒的意味，看来唐朝此时的财政状况已经不大景气了。稍隔几年，又于大历六年（771 年）：“量定三等，逐月税钱，充布绢进奉。”一般的缴税犹嫌不足，还要对酤户核准等级，对级别高的课以重税，地方上收上来的税银必须向朝廷“进奉”，以抵充所应送缴的布绢之数。从这一点可知，国家的财政已相当紧张。

唐德宗建中三年（782 年），朝廷又宣布："天下悉令官酿，初榷酒，斛收值三千。米虽贱，不得减二千。"明确禁止私人酤酿，成为唐代酒类专卖的开端。另外，"天下置肆以酤者，每斗百五十钱"（《新唐书·食货志》）。当时每斗酒的价格在 300 钱左右，全国酒税总额可有 150 余万缗入账，仅稍逊于榷盐的数额，殊为可观。

唐后期，在榷酤之外，榷曲又成为一个日益突出的问题。武宗会昌二年（842 年）九月敕："扬州等八道州府置榷曲，并置官店酤酒，代百姓纳榷酒，并资助军用。"并且严格监督，一人违犯，便令数家连坐。这种垄断酒曲生产的极端做法，对于一般"酤户"来说显得过于严厉和残酷了。因此，会昌六年（846 年）又下诏："宜从今以后，如有私酤酒及置私曲者，但许罪止一身，并所由容纵，任据罪处分。乡井之内，如不知情，并不得追扰。其所犯之人任用重典，兼不得没入家产。"但这种有限的"恩惠"，终究难以让那些"铤而走险"者弃手罢休。实在是酒中有大利可图，而政府只知一味地与民争利，不懂得因势利导，从根本上除弊振衰，改善经济条件，到头来只能是加重社会矛盾，加深政治危机。唐朝由盛转衰，从酒业政策上亦可见端倪。

丰富的唐朝酒具

唐王朝是我国历史上的三彩酒器、瓷酒器和金银酒器发展的黄金时代。在这一时期，新创制了一种令世人为之惊叹不已的新的酒器品类——唐三彩。唐三彩是由酱黄、浮白、葱绿几种颜色组成，间有翠蓝，调配起来给人一种既典雅、淳朴，又艳丽、鲜明的美感。唐三彩酒器也是唐代酒器的代表，如洛阳出土的唐恭陵三彩执壶、西安出土的三彩双鱼壶等，均具有很高的艺术价值和历史价值。

唐代瓷酒器中，青瓷和白瓷酒器亦颇负盛名。有人赞颂唐代白瓷曰："大邑烧瓷轻且坚，好似美玉灭下传。君家白碗盛霜雪，急送茅斋也可怜。"可见唐代白瓷的制作工艺已达到相当高的水平。

唐代的瓷制酒器品类较多，样式也极为新颖奇特，主要有联体壶、执壶、盏、注子、杯、碗、盅、双耳瓶等。据载，中唐时期曾被杜甫称为"饮中八仙”之一的李适之，家中所藏酒器就有九种之多，即“蓬莱盏”“川螺”“舞仙”“瓠子卮”“慢卷荷”“玉蟾儿”“醉刘伶”“东溟样”等，且各种酒器上都印有精彩的“人物故事，翱翔飞禽走兽”。如“舞仙”杯，酒满了就见杯中有一小仙人出来舞蹈，真是巧夺天工，精妙之极。

唐代酒器除三彩酒器和瓷酒器外，金银酒器亦是异常丰富，器形有金杯、金碗、金铛、银杯、银碗、银铛、银盘、银执壶、银羽觞等，如陕西西安南郊何家村金银器窖藏坑中出土的“仕女狩猎纹八瓣银杯”“狩猎纹高足银杯”“掐丝团花金杯”“舞伎八棱金杯”等，皆为不可多得的艺术珍品。另外，此窖藏中出土的“镶金牛首玛瑙杯”也是一件罕见的工艺品，皆代表着唐代艺术的最高水平。

鸳鸯莲瓣纹金碗

唐王朝是我国封建时代少有的盛世，产生过大量极为珍奇的工艺美术品，金酒器便是其重要组成部分。李白《前有樽酒行》诗云“春风东来忽相过，金樽绿酒生微波”；刘禹锡《和兵部郑侍郎省中四松》诗云“凝音助瑶瑟，飘蕊泛金罍”；白居易《和思黯居守独饮偶醉见示六韵》诗曰“弦吟玉柱品，酒透金杯热”，都吟及金酒器。在出土文物中也的确有不少唐代金酒器，其中形体硕大、花纹精美者，首推西安南郊何家村唐代窖坑中的鸳鸯莲瓣纹金碗。

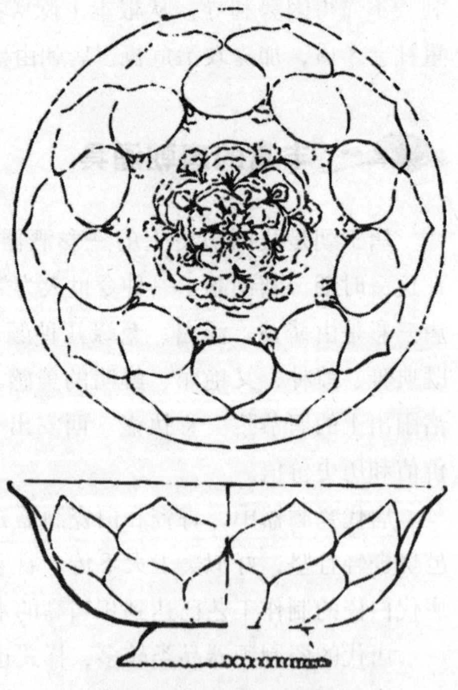
鸳鸯莲瓣纹金碗示意图

这件金碗系锤鍱成型，敞口，肥腹，平底，喇叭口状圈足。遍体饰鱼子地纹，外腹錾出两层浮雕式仰莲瓣，

每层十瓣。上层莲瓣内分别錾出狐、兔、獐、鹿、鹦鹉、鸳鸯等珍禽异兽，空白处填充花草。这些禽兽或撒蹄奔走，或闲弄花草，或梳理羽毛，姿态各异，神形毕肖。下层莲瓣内均錾忍冬纹。在上层花瓣的间隙里，还装饰有鸿雁、鸳鸯、凤鸟等，并配忍冬纹。内壁有与外壁相背里的两层莲瓣。内底为宝相花，外底有振翅鸳鸯和忍冬纹，圈足饰方胜纹，圈足底缘饰一周小联珠。

这只金碗是盛唐时期的制品，形态肥硕丰满，庄重大方，纹饰繁纷瑰丽，优美典雅，工艺精湛考究，气度非凡，可以说是大唐盛世的一个缩影。口径 13.7 厘米，碗上墨书“九两半”。现藏陕西省博物馆。

知识链接

鹦鹉杯

“鸬鹚杓、鹦鹉杯，百年三万六千日，一日须倾三百杯。”在李白这首脍炙人口的《襄阳歌》中，提到了一种称为鹦鹉杯的酒具。鹦鹉杯在隋唐的诗文中并不少见，如隋代薛道衡诗句：“同倾鹦鹉杯”；唐代骆宾王赋“鹦鹉杯中休劝酒”句等。鹦鹉杯是南海所产鹦鹉螺壳制作的。大约 4 世纪以后，随着交趾两广地区进一步得到开发，岭表异物纷至沓来，鹦鹉杯一类的南海特产也逐渐受到中原地区上流社会的青睐。东晋初，作过广州刺史的陶侃曾献给成帝鹦鹉杯一枚。《宋书·张畅传》说：“孝武又致螺杯杂物，南土所珍。”所谓螺杯就是鹦鹉螺制的杯。据《南州异物志》介绍：“鹦鹉螺状如霞，杯形如鸟，头向其腹，视似鹦鹉，故以为名。”它的壳外有暗紫色或青绿色的花斑，壳内光莹如云母。讲究的螺杯琢磨精致，往往镶金银钿。鹦鹉杯由于螺腔蜿曲，薮穴幽深，饮酒时不易一倾而尽，故人们又称它为“九曲螺杯”，而为人们所珍爱。在我国古代，鹦鹉杯除了在上流社会的宴席上饮酒用外，在祭祀中也常用它当作礼器。《宋书·礼志》说：

"莫霍山，盛酒当以蠡杯。"蠡杯就是螺杯，因为用于祭山，登上了高贵的庙坛，所以名称也变得高雅了。

摩羯纹金酒盏

唐诗云，"争欢酒蚁浮金爵，从听歌尘扑翠蝉"（罗邺《冬日寄献庾员外》）。酒蚁，指米酒浮沫，因其微呈绿色，细小如蚁，故又称为"绿蚁"。金爵，指金酒杯。诗句描写了一个热烈欢畅的饮酒场面，淡绿的酒，金黄的杯，两相辉映，实在诱人。而若欲充分欣赏享受这黄绿之美，当然最好是用侈口浅腹的金盏盛酒。这种金酒盏，1983 年在西安市太乙路便出土一件，属唐代文物。该盏呈四曲海棠花形，口敞侈，浅腹，有圈足，锤击成型，平錾花纹。内底为一个长圆形大花朵，四周为花瓣，花瓣的内侧是一周联珠，中心为水波摩羯纹那个令人崇仰的精灵正在戏弄一个火焰球。内腹四壁錾折枝花四组，每组为一大二小，两组花纹之间隔以同心结带纹。口沿内侧和圈足外侧均饰单相莲瓣一周。盏高 3.5 厘米，口径最长处 13.1 厘米。

这件金盏从形制上看，应该就是羽觞的变体，整个杯体呈长圆形，两侧弧状外展，犹似羽觞之双耳。再演变下去，就是圆形花瓣口式的酒盏，这种样式的酒盏在浙江临安县和江苏丹徒县均有出土。

西安出土的摩羯纹金盏，其花纹装饰瑰丽大方，给人一种畅快感。也许有细心的朋友要问，金盏的外腹部为什么光素无花纹？确实，它的外腹未加纹饰，这是工匠根据实际情况所做的安排。原来，这件金盏的口部极度外侈，腹壁平缓，而器体又很矮，所以人的视线所及，一般只是局限于盏内，外腹壁很难看到，因此，工匠便把人的视线不及之处留为空白，未加纹饰。该器现为陕西省博物馆藏品。

鸳鸯莲花纹金执壶

“玉佩迎初夜，金壶醉老春”，这是唐人韩翃《田仓曹东亭夏夜饮得春字》诗中的佳句。其实，唐代的金酒壶不只见于唐诗中，出土文物中也有唐代金酒壶实例。

1969 年，在陕西省咸阳市西北医疗器械厂基建工地出土一件金酒壶，即属唐代遗物。该壶为圆体直口，隆肩，深腹，矮圈足。壶流在前肩，陡立。錾作人耳状，用铆钉固定在壶体上。壶盖顶面圆隆，盖钮上设套环，有链与錾相连，錾首装饰一龟，龟口咬链扣，可以转动。壶体锤击成型，花纹平錾。盖钮上饰双层花瓣，宛如待放莲苞，盖面饰莲花纹，盖体周缘饰水波纹。颈部为蔓草纹。壶肩至壶底分为四个纹饰单元，第一单元为以四朵莲花为中心的抱合式蔓草纹。第二单元是鸳鸯蔓草纹，鸳鸯共四对，两两成双，振羽嬉戏。第三单元饰二方连续卷云式蔓草纹。第四单元是三层莲瓣纹。壶之流嘴亦饰莲瓣蔓草纹，錾面饰柳叶、菱形纹。壶高 21.3 厘米，现藏咸阳市博物馆。

这件金壶工艺细腻考究，光灿耀目。花纹流畅雅致，肥硕简洁的莲花与瘦柔繁缛的蔓草形成强烈对比，装饰性极强。其形制，与唐代流行的瓷注子相似，因而又可称为金注子。

据宋人曾慥《高斋漫录》记载：“欧公作王文正墓碑，其子仲仪谏议送金酒盘盏十副，注子二把。”其注子自当也是金器，应与上述金壶为同类酒器。仅为得到名家碑文，便奉送一套包括金注子（酒壶）在内的金酒器，王文正之家资殷富，由此足见一斑。

鸳鸯莲花纹金执壶

金花带流银碗

在西安市何家村唐代窖藏中出土的金银器里，有一件特殊的银碗，它的基本形状与前面介绍过的金碗无异，有所不同的是在口部增设了一个槽状短流。碗口外侈，口沿稍外卷，鼓腹，圜底，矮圈足。锤击成型，平錾花纹，纹饰涂金。腹部以散点装饰手法，相间排列着盛开的花卉两枚、口衔绶带的鸿雁两只。碗内墨书“廿一两”三字，口径20.5厘米，高8.7厘米。现藏陕西省博物馆。

这件银碗有何用途？有人曾称其为匜，似乎将之视为水器，实际上它应是酒器。我们在辨别其功用名称时，既要注意到器物本身的形制，还要考虑相关器物的历史状况以及当时的有关社会状况。

古时酒宴上罚酒严苛，往往设置大号酒杯，即所谓“大器”“大白”之类，喝不完便强灌。何家村出土的带流银碗，容量大，又有槽流，正适于作罚酒之器，用来强行灌酒也方便适用。因此，我们推测它是邠王府酒宴上的罚酒用器，亦即所谓的酒觥。

柳斗式银钵

双鱼荷叶银杯

看莲赏荷，是古代文人雅士的一桩趣事，赏荷饮酒更是美不胜收之享受。唐代诗人白居易在一首采莲歌中吟道："菱叶萦波荷飐风，荷花深处小船通。逢郎欲语低头笑，碧玉搔头落水中。"荷塘景色美，恋人情意深。唐人王昌龄有七言绝句曰："荷叶罗裙一色裁，芙蓉向脸两边开。乱入池中看不见，闻歌始觉有人来。"几对少男少女，泛舟而歌于荷花深处，又是另一番情趣。

在赏荷饮酒的欢宴上，每当酒酣耳热、气氛高涨之时，往往有人想出新鲜"玩招"来，如掐取荷叶，把叶心捅破连通叶茎，将荷叶捧持起来盛酒，从荷叶之茎管中吸饮。唐人曹邺在《从天平节度使游平流园》中便说"乘兴挈一壶，折荷以为盏"；唐人戴叔伦《南野》诗也说"茶烹松火红，酒吸荷杯绿"，说的都是用荷叶作杯饮酒。

正是因为有了用荷叶饮酒的趣事，才引出了唐代银匠的巧思，设计制造出了荷叶形银酒杯（盏）。现藏于陕西省西安市文管会的唐代双鱼纹荷叶形银杯，便是这种雅致有趣的酒杯中的一件。该杯锤击成型，平錾纹饰，花纹涂金。杯口呈长圆形，有圈足，侈口，口沿四曲，杯内刻纹呈荷叶卷拢状。这一器形的设计，充分体现了作杯者对生活观察之细致，艺术想象力之丰富。这件银杯巧妙地借用了荷叶卷包之形状。使人惊奇的还有，杯底錾有鱼纹，二鱼胖头花尾，首尾相对，似正追逐嬉戏，妙趣横生。杯长 13.6 厘米，高 3.2 厘米。

双鱼荷叶银杯的巧思之处，是荷叶与鱼的结合，鱼游荷丛，这一景象原本是荷塘之佳景，移作银酒杯，便又有更远一层的意思，那就是暗喻与莲荷、鱼为谐音的吉祥语：和和美美，连年有余。

白居易《酒熟忆皇甫十》诗曰："疏索柳花碗，寂寥荷叶杯。"所谓荷叶杯可能是银杯。后来，辛弃疾在《鹧鸪天·鹅湖归病起作》词之四中说："明画烛，洗金荷，主人起舞客高歌。"显然还有金质荷叶杯。

知识链接

山　樽

剜削奇木根瘿而成的山樽在古代颇得文人隐士的青睐，这与他们返璞归真的审美观是相一致的。由于山樽造型多奇特朴雅，往往被当作饮酒的雅具而出现在上流社会的筵席上。唐代大诗人李白曾在柳少府的酒宴上作过两首《咏山樽》诗，颇能说明问题。现引其中的一首：

蟠木不雕饰，且将斤斧疏。
樽成山岳势，材是栋梁余。
外与金罍并，中涵玉醴虚。
惭君垂拂拭，遂忝玳筵居。

这种以大自然所造就的奇木根瘿制成的山樽，当与现今的根雕艺术相类似。

鎏金双鱼银壶

唐代国力强盛，民风奢华，产生了一大批金银酒器，以其材料昂贵、制造精细、纹饰华美而著称，然而模仿动物形象的肖形酒器却很少见，实属遗憾。1976 年，在内蒙古喀喇沁旗哈达沟门出土了一件唐代肖形银壶，为唐代金银酒器群增添了几分活跃气氛。

该壶为扁圆腹，壶体系由两条腹部相连的鲤鱼构成，器高 25. 5 厘米。乍一看，此壶似乎造型呆板，线条单调，其装饰也缺乏唐代金银器所常见的繁缛华贵之气。但若细细琢磨品赏，则可发现其匠心独具、不同凡响之处：首先，在造型设计上突破了常规形制，巧妙地利用两条对拥的鱼构成壶体轮廓，

从侧面看，是一条躯体圆浑肥硕的鲤鱼正纵身跃出水面，使我们联想到鲤鱼跳龙门时的一搏；从正面看，二鱼相对，双口并张，仿佛是两条并游之鱼，忽然发现了上方水面的美食，齐刷刷张口争吞的刹那间情景，生活气息浓厚，为壶体外形的呆板单调进行了恰到好处的遮补。鱼嘴为壶口，鱼尾作壶足，使器形与鱼体的结合自然、顺畅，不露半点人工雕琢之痕。而壶体鎏金，又使双鱼鳞甲生辉，光彩耀目。另外，在装饰方面没有进行任何人工的修饰，而只是把鱼的外表器官做了极为客观的描画，口眼传神，鳍尾皆全，通体的鳞甲，也细加錾刻，一丝不苟。很显然，攻夫下到这般程度，另加修饰无疑多余，而减舍任何部分则又皆成缺憾。所以，该壶没有设置提梁、流嘴和执把，也没有施加附饰与点缀。

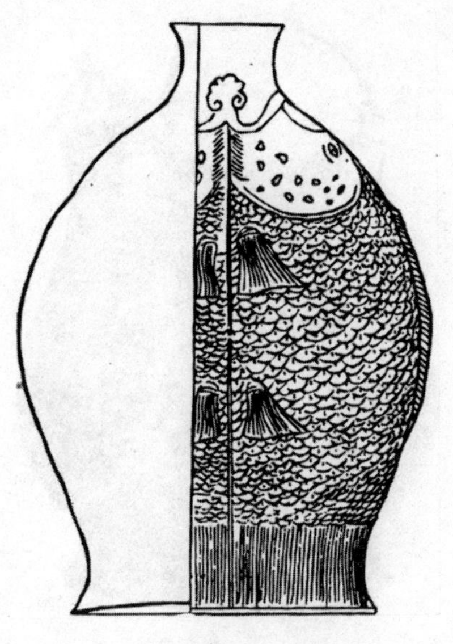

鎏金双鱼银壶示意图

双鱼形酒壶，在唐代较流行，除了这件银壶以外，在扬州唐城出土过双鱼三彩壶，在长沙铜官窑出土过双鱼瓷壶。此壶现存内蒙古赤峰市文物工作站。

舞马衔杯银壶

唐玄宗李隆基在位时，曾有过“开元之治”“国泰民安”的好日子。据《明皇杂录》《新唐书·礼乐志》记载，每年八月五日李隆基生日时，必于兴庆宫勤政楼下举行舞马宴会庆典。届时，文武大臣云集，各就其位，400 匹训练有素的“天马”排成行列，它们身披绣锦，络饰金银珠玉，连鬃鬣也修饰得十分漂亮。当一群身穿淡黄衣衫、扎雕花玉带、姿貌美秀的少年乐手奏起“倾杯乐”时，群马闻声起舞，奋首鼓尾，纵横应节，虽 400 匹马 1600 只马蹄在运动，却整齐划一，应节合拍，一丝不乱，蔚为壮观。又架起三层板床，

舞马衔杯银壶

骑士乘马而上，在板床上旋转如飞。又有健壮汉子力举一榻，马在榻上起舞。惊险奇妙，令人叫绝！宰相张说多次参加舞马庆典，对千秋节（唐明皇生日）舞马活动之盛况了解真切。他在《舞马乐府》中写道："圣皇至德与天齐，天马来仪自海西。腕足徐行拜两膝，繁骄不进踏千蹄。髬髵奋鬣时蹲踏，鼓怒骧身忽上跻。更有衔杯终宴曲，垂头掉尾醉如泥。"又在《舞马词》中写道："屈膝衔杯赴节，倾心献寿无疆"，对舞马的来历及动作场面都记述得很详细。唐代诗人杜甫在《千秋节有感》诗中记述说"舞阶衔寿酒，走索背秋毫"，也是对千秋节舞马活动的直接描述。看来，千秋节舞马庆典之高潮的标志，便是舞马口衔酒杯，按照音乐节拍而舞蹈，以表示为皇帝祝寿之场面。

西安市何家村出土的一件唐代银壶，则把唐代舞马景象活灵活现地展示在我们面前。

这件银壶形仿皮囊，高 18. 5 厘米，扁圆腹，莲瓣纹壶盖，弓形提梁，一条细链连接着壶盖与提梁。壶底与圈足相接处有"同心结"图案一周，系模仿皮囊上的皮条结。圈足内墨书"十三两半"，是壶的重量。壶腹两侧面用模具冲压舞马图，马肥臀体健，长鬃披垂，颈系花结，绶带飘逸。只见它口衔酒杯，前腿斜撑，后腿蹲曲，马尾上摆，好像正和着音乐节拍，以优美的舞蹈为唐玄宗献寿，正是张说舞马诗词的绝妙写照！马身和提梁、壶盖及"同心结"纹带均镏金，使得银壶富丽堂皇，明快悦目。

该壶构思巧妙，工艺精细，匠心独具，古今未见类同品，堪称国宝。该壶现藏陕西省博物馆。

知识链接

隋唐时期的名酒

关于隋唐时的酒，李肇在《唐国史补》记载了数种名酒：

富水：又名富水春，产地为唐代郢州富水县(今湖北省京山县东)。《唐国史补》："酒则有郢州之富水，乌程之若下。""若下"即"若下春"，那么很可能"富水"亦同"若下"，省去一个"春"字，富水应为富水春的简称，同若下春一样，都是以产地而得名的。

若下：又称若下酒、若下春，产地为唐代湖州的长城县（今浙江省吴兴县北)。因长城县古属乌程，所以《唐国史补》说"乌程之若下"。乌程县早在秦代即设置，相传因善酿的乌、程二姓居住此地，故得乌程之名。若下酒可能在唐代以前就有，到了唐代后又称为若下春。若下春的醇美得之于水，《初学记》载："长城若下有酒有名。溪南曰上若，北曰下若，并有村。村人取若下水以酿酒，醇美胜云阳。"云阳是汉代美酒洪梁酒的别称。若下春的醇美超过它，可见此酒确非一般的水酒。

土窟春：产地为唐代郑州的荥阳（今河南荥阳)。《唐国史补》卷下："郑人以荥水酿酒。近邑与远郊美数倍。"唐代荥水中经荥阳，土窟春当是此地人用荥阳城附近的荥水酿制而成的美酒。

石冻春：据《唐国史补》所载"富平之石冻春"，可知此酒的产地为唐代京兆府的富平县（今陕西省富平县附近)。唐代郑谷《赠富平李宰》诗中有"易得连宵醉，千缸石冻春"句，即说这种美酒。

梨花春：唐代杭州所产的一种美酒，是以江南梨花盛开时酒熟而得名的。白居易《杭州春望》诗有"青旗沽酒趁梨花"句，原注："其俗，酿酒趁梨花时熟，号为'梨花春'。"

老春：产地为唐代宣州的宣城县（今安徽宣城附近)。李白《哭宣城善

酿纪叟》诗有“纪叟黄泉里，还应酿老春”句。据此可知，此酒数宣城县的一个姓纪的老者酿制的最负盛名。

武陵崔家酒：唐代朗州武陵城（今湖南省常德市附近）里崔家酒店酿制的美酒。张白在《赠酒店崔氏》诗中对此酒给予相当高的评价：“武陵城里崔家酒，地上应无天上有。南游道士饮一斗，卧向白云深洞口。”

五云浆：唐朝至五代时的一种名贵的有浓郁香味的酒。刘禹锡《和令狐相公谢太原李侍中寄蒲桃》诗有“酝成十日酒，味敌五云浆”句提到此酒。此酒到五代时，成为宫廷里常饮的名酒之一。花蕊夫人《宫词》云：“酒库新修近水傍，泼醅初熟五云浆。殿前供御频宣索，追入花间一阵香。”

桂花醑：唐代一种用桂花和米、曲酿成的美酒。苏鹗《杜阳杂编》下：“上每赐御馔汤物，其酒有凝露浆、桂花醑。”可见这种御赐美酒是很珍贵的。

第二节 宋朝的酒具

设法劝饮，以敛民财

宋朝建立了一个庞大繁冗的文人政府，财政方面的支出十分浩繁，因此对榷酒和税酒都比较重视。不过，在法律的具体条款中则放宽了对私酿的限

制，适度减轻了对私酿者的刑罚程度。五代后周对私贩酒曲至 5 斤者，处以死罪。宋太祖建隆二年（961 年）则颁令规定：“犯私曲至十五斤，以私酒入城至三斗者，始处极刑。”（《宋史·食货志》）后来，此项数额又放宽至 50 斤以上，这也反映出民间酿酒造曲日益兴旺的趋势。

古代酒肆复原图

宋代的酒税数额一直保持较高的水平，北宋仁宗皇祐年间（1049—1053 年），酒课收入近 1500 万缗之巨，相当于唐后期的 10 倍。南宋初，酒课已占财政税收的 1/4，税酒之利真是大有可为。所以，南宋孝宗淳熙（1174—1189 年）年间，大臣李焘奏表吁请“设法劝饮，以敛民财”。面对如此丰厚的酒利，统治者再也无暇考虑禁酒与否的问题，而只是在担心百姓“饮”之不盛，会造成国家“敛”之不富，酒活脱脱成为一棵生财有道的“摇钱树”。

增加酒课的主要途径一般有两条：一是控制买卖，二是控制税收。宋朝的酒类专卖在历史上是很出名的。清人赵翼评论说：“历代榷酤，未有如宋之甚者。”（《陔余丛考》）事实也是如此，像北宋的官卖曲规定，卖 1 斗曲为 6 斤 4 两，卖曲价在东京和南京每斤为 155 文，而东京酒户每年需用糯米 30 万石，均要使用官曲。英宗治平四年（1067 年）曾诏免京师酒户所负曲钱 16 万缗，说明此时酒户的负担相当严重，恐怕已无力偿还所欠税额了。政府的“开恩”之举，不过是让他们稍稍喘口气罢了。又如北宋的包税制，即招募包税人承买酒场作坊，以 3 年为限，酿酒酤卖。有时，政府还来点花样，用类似现在投标竞争的方法，把经营权包让给出价高者，能收缴到高额税钱便万事大吉，至于中标者是赚是赔，那就不是政府所要考虑的问题了。

在控制税收方面，南宋统治者更有独到的功夫。他们不仅继承了传统的

榷酒政策，还在酒价上大做文章。南宋高宗建炎四年（1130 年），朝廷以米曲价高为由，诏令上等酒提价 42 文，下等酒提价 18 文，把这笔多出来的收入称作“军期钱”，供应军用开支，并允诺，等米曲价格降低后再恢复原价。可未及久等，酒价已是有增无减。绍兴元年（1131 年），上等酒又提价 20 文，下等酒提价 10 文。随后又多次提升酒价，酒税一路看涨，各地方政府也纷纷效仿，酒税数额遂大幅增长。不过，这些暴敛来的钱财，并没有能够有效地恢复软弱朝廷的“元气”，生财虽然有道，但政治上的腐败是远非单纯的增“财”所能改变的。

登封窑虎纹经瓶

登封窑虎纹经瓶，系北京故宫博物院珍藏的一件宋代瓷器。这件瓷器在造型上与登封“高阳酒徒”经瓶相似，唯其腹部略肥硕，素底圈足。器身用化妆土敷地，剔刻花纹，并以褐色彩细密地作出圆点纹，在圆点纹上覆以釉质，俗称“珍珠地”。这种纹饰与上述登封窑经瓶一样，是属于登封窑纹饰制作的一大特点，颇具时代风格。在腹部正中加饰双虎搏斗的主题纹饰，老虎作后肢着地、前肢直立、咧齿顾首状，生动有力，凶猛异常。

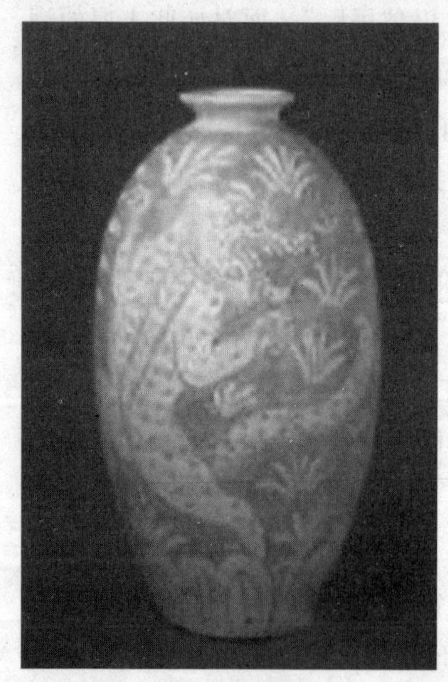

登封窑虎纹经瓶

“经瓶”一词，始于宋代。宋人赵令畤《侯鲭录》卷三说：“陶人之为器，有酒经焉。晋安人盛酒以瓦壶，其制，小颈、环口、修腹，受一斗，可以盛酒。凡馈人牲兼以酒，置书云酒一经，或二经至五经焉。”袁文《瓮牖闲评》卷六说：“今人盛酒大瓶谓之京瓶。”京瓶即经瓶。可见，“经瓶”一词在宋代很是流行。

知识链接

酒与祭祀

祭祀是古代人们对于自然认识观念上的一种行为表达方式，是宗教意识起源的一个重要基础。这一点从“礼”字的初始形义上，即可看出比较清楚的脉络。繁体的“礼”字从“示”从“豊”。“示”拟形石质的祭台，表示祭祀的场所，所以《说文解字》释其义为“事神致福”。“豊”则形如两串玉器放置在豆状的器皿里，豆属酒器，表现了具体祭祀方式。东汉人应劭的《风俗通义》讲“饮酒必祭”，可见酒在祭祀活动中具有一定的媒介作用。而且从“福”字的甲骨文写法来看，其为双手持酒献注于祭台，酒行于祭的重要性更是显而易见。

耀州窑青瓷倒装壶

此壶1968年出土于陕西省豳县，整体似一梨状，上部作双蒂式假壶盖，系虚设，不能打开。顶端与腹一侧置飞凤式提梁，凤首指向的另一侧贴塑母子狮。母狮张口作壶流，子狮在母狮腹下吸吮，造型生动、逼真。肩腹之间装饰乳钉纹、垂三角纹各一周。腹部深刻缠枝宝相花纹，下刻仰莲纹一周，由于花纹轮廓线外的隙地均被剔去，致使花纹凸起。刻花技术熟练，刀锋犀利，线条活泼流畅，布局适宜。腹下附圈足，略外撇。

由于该壶无口无盖，只在壶底中央有一梅花形注口，使用时须将壶倒置，酒由壶底梅花孔注入壶腹，故名“倒装壶”。壶内置漏注与梅花孔衔接，酒通过漏注流入壶内，利用连通器内酒面等高的原理，由中心漏注来控制酒面，流下有同样的隔离装置，倒置时酒不致外溢，若外溢则表明酒已经装满。同样，将

壶正置或倾斜倒酒时，因壶内中心漏注的上孔高于最高酒面，底孔也不会漏酒。此壶构造奇特，设计精巧，匠心独运，充分体现了古代工匠的智慧。

该壶集捏埋、剔刻、模印装饰为一体，造型精美，釉色明快素雅，展示了宋代耀州窑制瓷工艺的最高水平，是宋瓷精品中又一杰作。

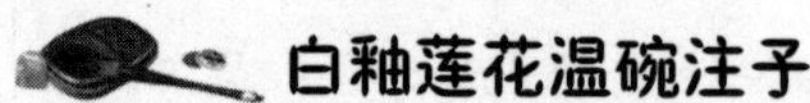

白釉莲花温碗注子

此温碗注子1974年出土于河北省三河县，系辽代的白瓷精品。由瓷注子和温碗相配而成。瓷胎极薄，质洁白细腻。施釉均匀，较薄，略有积釉处则白中泛黄，光亮莹润。注子直口，长颈，广肩下折，折棱明显，上腹较圆，下腹微收，矮圈足。盖似覆杯形，弯曲的细长流，鋬的最高处附贴一系饰。自注肩至腹部分刻均等的阴纹六条，使腹呈莲花式。温碗形似六瓣莲花，微敛，腹较深，鼓圆，圈足较高，微外撇。

这套酒器在设计造型上颇费了一番心思。注子、温碗虽然几乎光素无花，但仍无损于其内在的高贵典雅、挺拔俊美；温碗曲线形的口沿和注子陡折的肩腹，展示着酒文化中直与曲、阳刚与阴柔的变奏，令人观之而回味无穷，堪为酒器中的上品。

龙把玉碗

该器系宋代仿古玉器中的上乘之作。用乳白色玉料精琢而成，局部有褐色浸斑。碗高7.3厘米，口径14厘米。整体呈六瓣花形，侈口、圆唇，深腹弧壁内收，底部加略向外撇的圈足。器侧镂雕一玲珑剔透的螭龙为把，螭首略高于碗口，以两前爪紧抓口沿，后两爪伏贴于碗腹壁。螭弓背张爪，作向上爬之势。口沿部饰连续的三角形几何纹，口沿下有一周凸起的宽弦纹，内填回纹。腹壁每一瓣均有菱形开光，开光内外在回纹锦地上隐起变形夔凤纹。近圈足处和圈足通饰莲瓣纹。纹饰的装饰仿商周青铜器而略有变化，造型则与唐代金银器接近。自汉代以降，饮酒器中除杯以外，碗亦常见。用银碗者见于《三国志·吴志》记载，孙吴折冲将军甘宁与曹魏军对垒于濡须，出阵

前，孙权特赐米酒众肴，“宁先以银碗酌酒，自饮两碗，乃酌与其都督……都督见宁色厉，即起拜持酒，通酌兵各一银碗。《南史·沈炯传》曾提到茂陵玉碗”，似西汉时已有之，而以玉碗饮酒则有唐诗“玉碗盛来琥珀光”可为证。到了宋代，以碗饮酒更为普遍，著名的要算武松打虎故事中“三碗不过冈”之酒旗，几乎家喻户晓。作为景阳冈前的乡村酒店，盛酒之碗自然应以瓷器的可能性为大。当时南北窑场多有生产，如江西湖田窑就曾烧造“酒”字青白碗，北方定窑则生产釉上红彩“长寿酒”碗，至今在上海博物馆仍有收藏。龙把玉碗以上等白玉为质地雕刻精工，纹饰华丽，应为当时的高档酒器。该碗现藏北京故宫博物院。

花口人物纹高足玉杯

醉翁图经瓶

这是一件宋代登封窑的代表性作品之一，在瓶身的主要部位，刻画了一位醉汉，只见他头倾垂，目微闭，袒胸露腹，圆鼓鼓的“啤酒肚”，肩负一个大酒葫芦，幞头，宽袖长衫，似酒至酣醉，正一步三摇蹒跚而行。其背景为珍珠地云朵纹，脚下是盛开的花朵。瓶高 39.7 厘米。上海博物馆藏品。

珍珠地画花瓷瓶是登封窑名产，所谓珍珠地就是用铁工具戳印的小圆圈纹，系模仿唐代金银器的花纹（又叫鱼子纹）。这件经瓶作为盛酒的瓷器，用醉汉负酒葫芦为装饰，可谓构思巧妙，虽寥寥数笔，却把人物的神态刻画得惟妙惟肖，淋漓尽致。图中的醉者，从衣着上看并非下层人，从体态相貌看也是养樽处优之人。因此，匠师在此所刻画的，应是一部分封建士大夫饮酒作乐之生活实景。看到这幅图画，使人很容易联想到东晋的《竹林七贤图》、清人苏六朋的《醉太白图》，想到唐人韦庄的《天仙子·醉归》词“深夜归来长酩酊，扶入流苏犹未醒。醺醺酒气麝兰和。惊睡觉，笑呵呵，长道人生能几何？”

我们面前的这件宋代醉翁图酒经瓶，无疑是中国古代酒文化艺术佳作之一。

醉翁图经瓶

“清沽美酒”经瓶

在上海博物馆的瓷器藏品中，有一件宋代的经瓶非常引人注目，其形制是宋代通常所见经瓶之样式：小口，丰肩，修腹，小平底。造型挺拔秀美，通体白釉黑花。颈部绘莲瓣纹；肩部为丛草纹；上腹部的醒目装饰花纹是四个等距圆圈，圈内各书一大字，联成“清沽美酒”，圈外插绘丛草纹；下腹部绘莲瓣纹。花纹简洁、清新、大方。

瓶上大书“清沽美酒”，明白无误地指明这件瓷瓶是盛酒之器。“清沽”即“清酤”，指古代的清酒。

古人有用“清”字形容酒美的习惯，如晋代谢灵运《石门新营所住四面高山回溪石濑茂林修竹》诗云“芳尘凝瑶席，清醑满金樽”；左思《蜀都赋》云“金垒中坐，肴隔四陈。觞以清醺，鲜以紫鳞”；宋代陆游《初秋小疾效俳谐体》诗“遣闷凭清圣，忘情付黑甜”，以上所谓清醑、清醺、清圣，皆指美酒。

磁州窑出产的经瓶，除有“清沽美酒”款识外，有的还书有“醉乡酒海”，都是经瓶酒器的绝好证据。

白瓷螺形杯

“凤凰楼上罢吹箫，鹦鹉杯中休劝酒”（骆宾王《荡子从军赋》）；“鸬鹚杓，鹦鹉杯，百年三万六千日，一日须倾三百杯”（李白《襄阳歌》）。《晋咸

康起居注》载:“诏送辽东使段辽等鹦鹉杯”。所谓鹦鹉杯,是指用鹦鹉螺壳制作的酒杯。宋代诗人陆游有诗云:“葡萄锦覆桐孙古,鹦鹉螺斟玉薤香。”唐人刘恂《岭表异录》说:“鹦鹉螺,壳青斑绿纹,制为酒杯可盛二升许。”明代曹昭《格古要论》说:“鹦鹉杯即海螺盏,出广南,土人琢磨,或用银或用金镶足。”

“清沽美酒”瓷经瓶

古代又有以玉、瓷仿制螺杯者,玉螺杯见于元人伊士珍《琅环记》,金母召群仙宴于赤水,“坐有碧玉鹦鹉杯,白玉鸬鹚杓”。青岛市郊出土过玉雕螺壳,应即玉螺杯。瓷螺杯在出土文物中业已发现。1969年,在河北省定州静志寺北宋塔基中出土一件定窑白瓷螺杯,形体呈螺壳状,胎质细腻匀薄,线条丰满圆润,富有韵律感。白胎白釉,洁净柔润,温良似玉。器表刻饰层层波浪纹,寓动于静,情景交融,精美宜人。杯高20厘米,最大腹径11.8厘米,现藏定州博物馆。

知识链接

酒与礼器

中国不但酿酒的历史源远流长,酒器生产同样具有十分悠久的传统。最早的酒器,可能是兽角或竹木制一类的粗糙器物,后来发展为正式的陶制器皿。在古代,器具生产往往反映着一个时代手工业制作的水平。商周时

期，酒器生产呈现了多样化的特点。尤其是青铜酒器，盛极一时，明显占据了主要地位，逐步成为国家礼器的一种显著标志。据说商代贵族特别崇尚以樽盛酒，樽的政治地位仅次于当时“国之大器”的鼎，因此对持樽者的身份作出了严格的限制，除一国之主外，“相邦”或同等级别的人才有资格用樽行饮，这部分人的社会地位相当高。现代汉语中的“樽重”一词，基本源于此义。

龙泉青瓷酒船

中国古代的酒器千姿百态，奇巧迭出，在浙江省龙泉县出土的宋代青瓷酒船，便是一件奇异酒器。该器属龙泉青瓷，胎质细腻纯净，釉色浅绿，晶莹温润，犹似碧玉。器呈船形，而仓棚、护栏毕具，形象逼真。器长13.7厘米。

宋代曾流行一种船形酒器，这在宋人诗词中有案可稽。例如，司马光《和王少卿十日与留台国子监崇福宫诸官赴王尹赏菊之会》诗“红牙板急弦声咽，白玉舟横酒量宽”，描写了面对弦乐歌舞，用白玉舟形酒杯放怀畅饮的热烈场面；苏轼《次韵赵景贶督两欧阳诗破阵酒戒》诗“明当罚二子，已洗两玉舟”，罚酒用玉舟，其容量必大。陆游《即席》诗之三“要知吾辈不凡处，一吸已干双玉船”，一口气喝尽两玉船酒，便算是身手不凡，可见玉船也是大型酒杯。诗中所说是玉雕船形酒杯，至今尚未见到过实物，而浙江龙泉出土的这件龙泉瓷器，却是实实在在的船形瓷酒杯。它借用船舱为杯腹，平缓的船艉为饮酒口，一杯在手，既可品酒尽兴，又可把玩观赏。

其实，早在唐代即有船形酒杯。唐诗“觥船饫口红，蜜炬千枝烂”（李贺《河阳歌》）、“醉把金船掷，闲敲玉镫游”（张祜《贵家郎》）皆可为证，皮

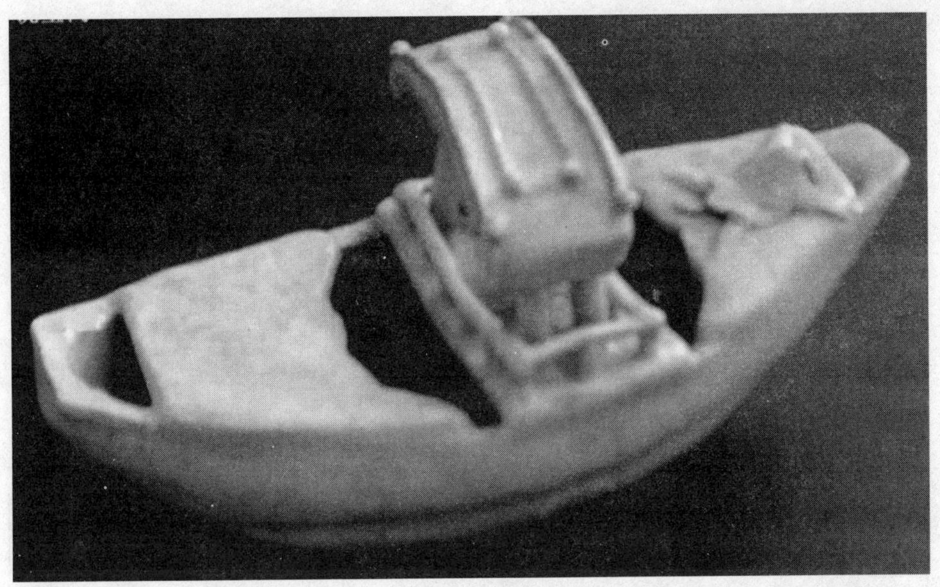

宋代青瓷酒船

日休、陆龟蒙更有《酒船》诗。北京故宫博物院所藏唐代《高逸酣饮图青玉杯》上，雕刻有舟形酒杯，形体较大。

据《三国志·吴主传》裴松之注语记述："郑泉字文渊，陈郡人。博学有奇志，而性嗜酒，其闲居每曰：愿得美酒满五百斛船，以四时甘脆置两头，反覆没饮之，惫即往而啖肴膳。酒有升减，随即益之，不亦快乎！"郑泉的这一"奇志"，大概对唐宋人颇有影响，因而才喜欢船形酒杯。然而更有可能的是，中国古代的船形酒杯的产生与流行，实与"曲水流觞"风俗有关（前文已介绍）。

《荆楚岁时记》载："三月三日，士民并出江渚池沼间，为流杯曲水之饮。"流杯曲水即曲水流觞，又叫流觞曲水，即把酒杯浮置水面上，借水流之动力使之移走，饮客候于水边，待酒杯经过时，便取而饮之，以此娱乐。

曲水流觞之俗至唐宋时代在文人雅士中间仍很流行。王羲之《兰亭集序》描述说，其地"有清流激湍，映带左右，引以为流觞曲水，列坐其次"。陆游《幽居春晚》诗"未寻内史流觞地，又近庞公上冢时"之"内史流觞地"，即王羲之所说流觞曲水之地。唐人陆瑰作有《曲水杯赋》，仔细描写了曲水流觞之若干情节，文中写道：“丽景云暮，欢情奈何！水散循环之势，杯浮一勺之多。樽俎必呈，反本源于杯饮；歌钟合奏，起觞饮于流波。尔其洋溢折旋，从容娱乐，观滴沥以缭绕，将灌注而酬酢。袒裘解带，笑沈醉以山颓；永日微风，期竭欢于水涸……”热闹非凡，难怪苏轼说“流觞聚儿童，一笑为捧腹”（《次韵刘景文登介亭》诗）。

曲水流觞，最适于把酒盏制成船状，以木、漆器为佳。上述龙泉青瓷酒船，也可用于曲水流觞之戏，只是需配置一块木板以载之。

知识链接

宋代名酒

从苏轼《酒经》、朱翼中《北山酒经》、李保《续北山酒经》和《东京梦华录》、《武林旧事》、《梦粱录》等传世的文献中看，宋代不但名酒多，各阶层饮酒的逸事也颇多，这对于弄清宋代的酒与饮酒习俗提供了优于前代的条件。见于文献的宋代酒有凤州酒、长生酒、黄藤酒、蜓酒、梅醞、罗浮春、洞庭春色、仁和酒、扶头酒、花露酒、蜜酒、金盘露、椒花酒、思春堂、凤泉、中和堂、皇都春、常酒、雪醅、和酒、皇华酒、爱咨堂、琼花露、六客堂、齐云清露、双瑞、爱山堂、留都春、静治堂、十洲春、海岳春、筹思堂、蓬莱春、玉醅、锦波春、浮玉春、秦淮春、银光、清心堂、丰和春、蒙泉、金斗泉、思政堂、谷溪春、庆远堂、清白堂、蓝桥风月、紫金泉、庆华堂、眉寿堂、万象皆春、济美堂、元勋堂、羔儿法酒、花白酒、、风曲法酒、白羊酒、猥酒、武陵桃源酒、冷泉酒、银笄酒、瑞露酒、冰堂酒（桂林三花酒）、辛秀才酒、万家春、醇碧酒、金丝酒、红友酒、

苏合香酒、雪花肉酒、春红酒、四明碧香酒、双投酒和千日春等多种。其中：

武陵桃源酒：北宋时南方酿制的一种美酒，相传酿酒法得之于武陵桃源仙人，故又称“神仙酒”。据朱翼中《北山酒经》说，酿此酒用神曲（优质曲）和好糯米，以五酘法精酿而成。此酒“熟后三五日，瓮头有澄清者，先取饮之，蠲除万病，令人轻健。纵令酣酌（大醉），无所伤”。北方用此方酿制往往酒味不佳。但如果将这些味道不佳的酒用酒瓮盛好，再用泥封好瓮口，经过一个春天后，便会变成美酒了。

瑞露酒：即今全国闻名的桂林三花酒，它是采用桂林千万株桂花酿制而成的，酿成后酒味醇香扑鼻。据范成大在《桂海虞衡志》中说，当时广西一带无酒禁，“公私皆有美酿”，而以瑞露酒为最好。其特点是风味蕴藉，极尽酒妙。故这种酒在当时就已“声震湖广”了。

白羊酒：也称羊羔酒，是用嫩羊肉、黍米（或糯米）和曲酿制的美酒。《北山酒经》：“腊月取绝肥嫩羯羊肉三十斤（带骨肉），使水六斗已来，入锅煮肉，令极软（烂）。漉出骨，将肉丝擘碎，留著肉汁，炊蒸酒饭时用。”然后将肉汁、酒饭和曲末同放瓮中酿制，数日后即成。这种风味独特的高档酒，自宋代起一直受到达官贵人的欢迎。

洞庭春色：用黄柑酿制的美酒。苏轼《洞庭春色赋》序说：“安定郡王以黄柑酿酒，名之曰洞庭春色。犹子德麟得之以饷予（指苏东坡），戏为作赋。”这是用柑橘酿酒的最早记录，当时此酒异常珍贵。

凤州酒：宋代凤州凤翔所产的美酒，这是现今西凤酒的前身。但是两者之间有差别，宋代凤州酒是自然发酵酿制的低度酒，而今西凤酒是用蒸馏法而得的烈性酒。《宋人轶事汇编》卷二十记载：“陕西凤州伎女手皆纤白。州境内所生柳，翠色尤可爱，与他处不同。又公库（官酿）多美酝。故世言凤州有三出，谓手、柳、酒。”可见当时的凤州酒是全国闻名的。

第三节 辽金元时期的酒具

依条治罪与榷酤办课

元朝建立后，禁酒政策又重新受到重视。元世祖至元十四年（1277 年），因春旱严重，翰林国史院的官员奏称："足食之道，唯节浮费；靡谷之多，无逾醪醴曲蘖。况自周汉以来尝有明禁，祈赛神社，费亦不赀，宜一切禁止。"世祖准奏，"申严大都禁酒，犯者籍其家赀，散之贫民"（《元史·世祖本纪》）。纵观终元之世，几乎每一朝都有关于禁酒的记载，这在历史上是很不多见的。如果考虑到元朝曾经建立了一个横跨亚欧大陆的庞大军事帝国，那么禁酒在很大程度上是出于当时国家政策的特定需要。所以，从另一方面看，元朝对犯禁者往往施以严厉的惩罚。太宗六年（1234 年）即颁布"酒曲醋货条禁，私造者依条治罪"；世祖至元二十年（1283 年）再次"申严酒禁，有私造者，财产、子女没官，犯人配役"（《续资治通鉴·元纪》）。因为只有这样，才能较为有效地保障粮食来源不受损害。又如《元史·刑法志》记载："私造萨满阿喇克酒者同私酒法，杖七十，徒二年，财产一半没官。有首告者于没官物内一半给赏，犯禁饮私酒者笞三十七。"

但是，纯粹的禁酒显然不再是统治者的真正目的，而榷酒与课税作为国家财政收入的主项，则格外受到青睐。最初官方榷酤只向私营酒户每石米收取 1 贯钞，后来扩大至 10 贯，导致酒价暴涨，可见统治者对酒税总归要"唯

利是图”。

黄釉带盖鸡冠壶

玉壶

此壶出土于辽宁省朝阳地区辽代墓中，褐胎黄釉，由于釉层较薄且长期使用，釉层多已脱落。筒状小口，鼓腹下垂，小平底略内旧。上部两侧缓收合为鸡冠状，冠上中部有一凹槽，凹槽处加饰仿缝合皮囊的榫状物，凹槽两侧各有一圆形穿孔。腹中部有两条凸弦纹曲弧向上，共承起一火焰状物。存边缘处还加饰一条上窄下宽的带状边饰，似仿皮囊为防止泄露而加饰的边饰一样。上加复层台状小盖，盖上有螺旋状小钮。

契丹族原是北方游牧民族，四处游牧是其主要生活方式，因此扁体弧底、适于悬挂在马鞍上的皮囊壶成了他们必备的生活用具。后契丹族入关建立辽国，生活方式与以前有所变化，皮囊壶也开始被陶瓷鸡冠壶所取代。这种鸡冠壶的造型就是完全模仿皮囊壶，连皮革的接缝和细密的针脚都模仿得惟妙惟肖，似乎用真的皮囊翻模一般。考古发现的鸡冠壶很多，形制变化也较为明显，越早与皮囊壶越相像，带有契丹民族传统的装饰风格；越晚期的鸡冠壶则越脱离皮囊的原形，如 1954 年辽宁赤峰辽驸马墓出土的白釉鸡冠壶和辽宁博物馆收藏的一件白釉刻花提梁壶，就只有皮囊壶的某些特征，而渐失其原有韵味。

鹿纹银马镫壶

此壶 1979 年出土于内蒙古自治区赤峰市郊区城子公社洞后村窖藏坑，呈

马镫形，直口，平面为椭圆形，带盖，盖面微鼓，正中有盖钮拴孔。口沿下有一小环，长颈，花式拱形单孔提梁，壶身稍鼓。从盖面直到壶身都装饰有花纹，盖面有四束四瓣花纹，盖外沿有八束四瓣花纹，壶颈有缠枝牡丹、网格纹与水珠纹交错纹两组纹饰，壶身两面都刻有相同的花纹，中间有内外两个菱形图案，中间一卧鹿，仰首垂尾，四肢蜷曲，神态安详自若。鹿身周围饰有山石、灵芝及水波纹。造型美观别致。

此壶的造型与目前考古发现的辽代早期陶、瓷鸡冠壶形制十分相近，为契丹族典型的仿皮囊壶。

该壶造型优美，制作精致，反映了辽代金银器制造工艺的高超水平。其花纹与装饰风格有明显的中原特点，而造型上又保持浓厚的契丹族特色，是两种文化相互交流、相互影响的结果。

鱼形提梁银壶

此壶1979年出土于内蒙古赤峰市郊区城子公社洞后村窖藏坑，呈双鱼形，二鱼头尾相向，作戏珠状，鳍、鳞纹饰精细入微。有提梁，两端卷曲，各拴于一小环，环中套入一展翅长尾鸟形器耳。梁饰七束三瓣花纹。盖呈葫芦形，盖沿平展作四瓣花形，盖颈拴一长链。器上采用镏金方式，突出勾勒花纹线条，黄金、白银交相辉映。此壶造型奇特，在硕大的鱼头上配置小巧的鸟儿，对比强烈，别有情趣。

双鱼形酒器在唐代较为流行，目前所见的唐代双鱼形酒器有双鱼三彩瓷壶、双鱼瓷壶以及双鱼银壶等，皆呈双鱼对腹连体状。此鱼形提梁银壶，是契丹民族前期仿唐代金银器装饰的优秀作品之一。

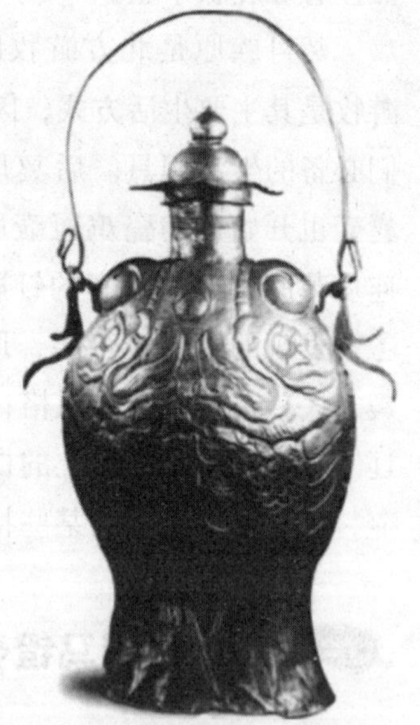
鱼形提梁银壶

白釉黑花葫芦形倒装壶

白釉黑花葫芦形倒装壶

此壶为传世品，器胎呈淡黄色，施白釉，釉层较厚，足根露胎。器体呈葫芦形，最上部堆塑出一尖蘑菇形钮，似盖，但无法开启，下置圈足，足壁较厚略向外撇。壶体一侧塑一四爪龙以作壶柄，龙张口立角，怒目旁视，爪附于壶顶，龙身直立，尾部卷曲，后爪抠住壶下腹，模样甚是古拙剽悍。另一侧置短流，流与腹连接处塑一小人骑于流上，栩栩如生，极富生活情趣。上腹绘九个小黑斑组成的菱形花纹数朵，流口绘黑彩一周，龙柄和流上的骑人亦点施黑斑，下腹刻覆瓣仰莲，莲瓣间刮小竖沟纹，并施倒置的三角形黑彩。

此注壶与一般的瓷执壶不同，壶顶无口，而在圈足内挖一注酒圆孔，与壶体内的注酒管相通，装酒时将壶倒置，装满后正置，需饮酒时即可由腹部之流向外倒酒。此种设计，既方便又卫生，是中国古代酒文化所独有的特色。

青花凤鸟扁壶

1970 年，考古工作者在北京旧鼓楼大街即发掘到一家富户逃亡时埋下的一坑瓷器。这个窖坑位于一座考究的庭院内，坑口覆盖一件瓦盆，坑内埋有 16 件瓷器，包括 10 件青花瓷，6 件影青瓷。在 2 件影青瓷碗的底部有用墨笔书写的一个“八思巴”文字（忽必烈命大臣八思巴仿照藏文字体制定的一种蒙古拼音文字），根据《事林广记》可将其译成汉字“张”或“章”，很显然，这是一家蒙古贵族的财产，在元大都陷落前夕，仓皇出逃，因瓷器不便随身携带，便在院里掘坑埋藏之，指望有朝一日重返家园时挖出来使用。不料，元王朝一败涂地，元大都不久变成了明朝天下，这坑瓷器便在地下埋藏了 600 年后才重见天日。

在出土的10件青花瓷器中，最为人们所称道的是一件扁壶。这是一件不可多得的艺术珍品，扁圆形壶腹，小圆口，椭圆形圈足，肩部前有流后有把，洁白的胎釉，蓝色的花纹。其最为独特之处，是运用立体雕塑和平面绘画相结合，展现了一只拍翅飞翔的凤鸟之英姿：巧妙地把壶流塑成凤鸟的头颈，在壶之肩腹部绘出凤鸟的身背与双翅，卷曲的壶把可看作是凤尾之飘翎，一只昂首展翅的美丽凤鸟，便跃然壶上。壶身空白处，填绘缠枝牡丹。该壶造型生动，色彩清新，花纹优美，堪称艺术杰作。据实测，壶高18厘米。

"青花"是元代釉下彩瓷中的新品种，它是用含钴的矿石制成的色料绘制花纹，主要着色剂是氧化钴。其特点是清新鲜艳，明净雅致，深受世人的喜爱，在明清时期十分流行。

元代的青花瓷器流传下来的并不多，而经科学发掘出土的就更少。北京鼓楼大街出土的元代青花瓷，不仅出土地点、层位清楚，而且相当完好，又是出自元大都的蒙古贵族宅院遗墟中，无论在政治史、民族史方面，还是在科技史、艺术史方面，都有重要价值。

黑釉"葡萄酒瓶"

1958年7月，在内蒙古乌兰察布盟察哈尔右翼前旗土城子清理元集宁路故城时，在其西面壕沟附近发现古墓约40座，其中第十三号元代砖室墓出土了一件黑釉小口长瓶，短颈，瘦腹细长，饰以凸弦纹呈瓦棱状，高43.5厘米，釉黑而有光泽，肩部露胎部分刻有"葡萄酒瓶"四字，表明该瓶就是用来贮盛葡萄酒的。它的发现使我们对以往习称为"鸡腿坛"式的器物又有了新的认识。

我国是世界上酿制葡萄酒最早的国家之一。"西域开，汉节回。得蒲桃之奇种，与天马兮俱来"。赋中的"蒲桃"即葡萄，是酿制葡萄酒的最基本原料。早在汉代以前，我国就有野生葡萄，但果小味酸，不适于食用和酿酒。西汉时期张骞出使西域，栽培葡萄技术的传入才使得葡萄酒在内地的酿造成为可能。据《史记·大宛列传》载："宛左右以蒲陶为酒，富人藏酒至万余石，久者数十岁不败。俗嗜酒，马嗜苜蓿。汉使取其实来，于是天子始种苜

蓿、蒲陶肥饶地。及天马多，外国使来众，则离宫别观旁尽种蒲萄、苜蓿极望。”这是关于我国葡萄栽培的最早文献记载。它说明在汉武帝的时候，人们已经知道葡萄可以酿酒，并开始在都城长安一带种植葡萄。传说当时葡萄成熟后贡给朝廷，贮于缸内，因日久自然发酵而成佳酿，以至香飘数里。汉武帝以为是天赐“琼浆”，曾用来赏宴群臣。至东汉灵帝时，宦官张让得到扶风孟佗赠送的一斛葡萄酒，就让他当上了凉州刺史。由此可以想见当时葡萄酒之珍贵，其产量自然是十分有限的。汉代以后，随着葡萄栽培的推广，关于葡萄及葡萄酒的记载也逐渐增多。南北朝时期，高昌一带（今吐鲁番地区）即已盛产葡萄，史载唐贞观十四年破高昌，曾得高昌葡萄酒法。宋代朱翼中《北山酒经》中就载有“葡萄酒法”，内容已十分详备。元世祖时，在太庙的祭祀用品中还增设了葡萄酒一项。

蓝釉金彩爵

爵作为饮酒之器，早在公元前2000年左右就已经出现了，陶爵流行于夏、商两代，而后铜爵流行于商代和西周，西周以后便罕见爵的踪迹了，到秦汉时期，大家已几乎不知商周之爵为何物了。宋代，以古代文物为研究对象的金石学昌盛起来，人们才重新认识了商周铜爵，随之而来便兴起仿照商周铜爵制造银爵、铜爵、玉爵、陶爵和瓷爵的风气。1987年，在浙江杭州市商业储运公司出土的一件元代瓷爵，便是宋元时期仿古爵杯中瓷爵的代表作。该爵

兽面纹爵

流尾均较宽而短，流尾之交的口沿上有一对矮柱，半球形柱帽，爵腹较浅，圜底，三足外撇，爵足横切面呈三角形。胎质细腻而轻薄，通体施蓝釉，釉上彩绘描金，杯外绘干枝梅，杯内绘梅枝新月。通高 4.8 厘米。该爵造型古拙，而花纹新颖，工艺精致，是宋代以后仿古爵中的佳品。

蓝釉是景德镇窑在元代烧成的新品种，装饰方法有蓝釉白花、蓝釉金彩。杭州出土的这件瓷爵即在新烧成的蓝釉爵杯上利用宋以来的釉上彩绘描金工艺，经两次烘烧而成，纹饰固着良好。现为浙江省文物考古研究所藏品。

青花诗文菊花杯

青花诗文菊花杯

1980 年 11 月，在江西省高安县出土了一件元代青花瓷高足酒杯，杯高 9.8 厘米，杯口外侈，口径 11.2 厘米。浅腹，杯足细高，有竹节状凸棱。杯身绘青花缠枝菊花，口沿内侧饰卷草纹一周，内底草书诗文“人生百年长在醉，算来三万六千场”。现藏高安县博物馆。

这种高足瓷杯，元代在江西、浙江、福建、河南、河北、山西均有烧造，在各地元代墓葬中出土较多。

杯上绘菊花，应与古代的酒和酒俗有关。古时候，有一种用菊花酿造的酒，于重阳节开樽而饮，据宋代窦苹《酒谱》说："汉（代）人采菊花并茎叶酿之以黍米，至来年九月九日熟而就饮，谓之菊花酒"。重阳节饮酒之杯也就叫作菊花杯，唐代张说《湘州九日》诗云"宁知沅水上，复有菊花杯"，唐代孟浩然《和贾主簿弁九日登岘山》诗云"共乘休沐暇，同醉菊花杯"。据明代李时珍《本草纲目》说："菊花酒治头风，明耳目，去痿痹，消百病。"至今，北京有酒厂仍生产"菊花白"酒，系采用杭州白菊及多种中药材精酿而成，清亮透明，甘香和爽，有清肝明目、安神去风之功效。因此，这件青花瓷杯也可叫作"菊花杯"。

杯上之诗句，出处不明，或系出自一些酒诗句名之移植。李白《襄阳歌》云："鸬鹚杓，鹦鹉杯，百年三万六千日，一日须倾三百杯。"在《将进酒》诗中，李白又吟道："人生得意须尽欢，莫使金樽空对月……钟鼓馔玉不足贵，但愿长醉不复醒。"唐人李贺《将进酒》诗则云："吹龙笛，击鼍鼓，皓齿歌，细腰舞。况是青春日将暮，桃花乱落如红雨。劝君终日酩酊醉，酒不到刘伶坟上土。"元代张宪《将进酒》诗则说："酒如渑，肉如陵，赵妇鼓宝瑟，秦妻弹银筝，歌儿舞女列满庭。珊瑚案，玻璃罂，紫丝步帐金雀屏……但愿千日醉，不愿一日醒，世间宠辱何足惊！"这些诗句的遣词与意境，不禁使人想起高安县出土菊花杯上的诗句。

知识链接

青花梅瓶

1964年5月11日，河北保定市建筑公司在保定永华路南小学施工时，

于地下 1 米深处发现一座元代圆形窖藏坑，坑内出土瓷器 11 件、绿松石山子 2 件、彩绘玻璃瓶一件，另外还有几十片玉片。

青花梅瓶一对，胎骨厚重，釉质细腻，小口平沿，细短颈，瓶身修长，有八棱。瓶身中部浮雕四龙，衬之以青花海水、火焰纹，在瓶肩和下腹部各绘青花云头纹，内画四兽及花卉。瓶盖外形呈覆杯状，有钮，周身绘青花莲瓣纹。一件高 51.5 厘米，另一件高 46 厘米。

梅瓶一词始见于晚清，据说是有人看它适于插梅花，所以就叫梅瓶。其实，所谓梅瓶，其前身就是宋代的经瓶，是盛酒的容器，但随着岁月更替，经瓶确实有逐步转向花瓶和陈设品之倾向。大体上，宋代的经瓶是专门盛酒的，元代时仍主要用于盛酒，但也有人拿它插花。台北故宫博物院藏元代佚名画《第四嘎礼嘎樽者》，画中以经瓶插梅花，确实成了梅瓶。到明代时，梅瓶仍然用做盛酒，在山东发现的明鲁王朱檀墓出土的梅瓶中即盛有酒，但有不少梅瓶另做他用。台北故宫博物院藏明代唐寅《采菊图》，陶渊明之仆僮即手持插有菊花的梅瓶。看来，盛酒的梅瓶首先分离出一部分用做花瓶，继而又产生陈设瓶。基本上，到清代时梅瓶已不再是酒器了。

第四章

明清时期的酒具

明清时期，是我国古代瓷酒器发展的鼎盛时期。

明初制瓷业以永乐、宣德年间为最盛，不论数量和质量都超过前代。酒器以白釉、青花瓷器为主，景泰蓝酒具，多为帝王将相、高贵显达用做餐具和酒器，也成为这一时期酒器发展史上新的奇葩。

清王朝时期，由于康熙、雍正、乾隆三代对瓷器的喜好，中国制瓷业得到进一步发展。

酒具中也不乏青花、斗彩、冬青等制品，后来又新创制了“粉彩”、“珐琅彩”、“软彩”、“硬彩”和“古铜彩”等酒具，真可谓“五光十色，耀眼夺目，万紫千红，美不胜收”。

第一节 明朝的酒具

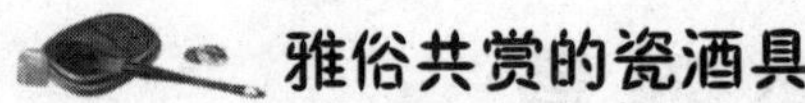

雅俗共赏的瓷酒具

明成化年间，制瓷业有了前所未有的发展，所烧各式酒杯更是技高一筹，被人称为“成窑酒杯”。此时的青花瓷器也颇为引人注目，尤其所绘图案与中国古代绘画艺术融为一体，给人以清淡典雅、明暗清晰的感觉。青花酒器传世颇多，如各类青花梅瓶、青花高足杯和青花压手杯等青花酒器，均为艺术珍品，再现了明代匠师们极高的人生修养和艺术境界。

除了瓷质酒器外，明代的帝王显贵们对金银酒器和玉酒器依然钟情不减，宠爱有加。明定陵中出土的万历御用金托玉爵、金托金爵杯、金箭壶、传世的陆子刚玉卮和合卺玉杯，以及山东邹县明鲁王墓出土的莲花白玉杯等，均为明代酒器佳品，就连万历帝孝靖皇后棺内也随葬金温酒锅一只，可见当时人对饮酒的养生之道颇为重视。

清代流传在世的精美瓷酒器颇不乏见，最常见的器形主要有梅瓶、执壶、高脚杯、压手杯和小盅等，如景德镇窑珐琅彩带托爵杯、康熙斗彩贺知章醉酒图酒杯、青花山水人物盖杯、五彩十二月花卉杯以及各种五彩人物压手杯等，均为清代瓷酒器精品，饮誉海内外，有些已高价出现在国际拍卖市场上。

清宫设有“造办处”，专为皇室制造各类物品，其下所设金银作和玉作便是承做金银器和玉器、珠宝的重要作坊。目前故宫所藏的不少原清宫酒器，如雍正双耳玉杯、乾隆双童耳玉杯、“金瓯永固”金杯等即为造办处所制。除

此之外，外埠贡入的金银、玉质酒器也不在少数。清代的瓷、金、银和玉等质地的酒器有一个明显的特点，即多仿古器。如清宫御用的双耳玉杯、龙纹玉觥、珐琅彩带托爵杯、铜彩牺耳樽、各类瓷樽、双贯耳瓷壶和天蓝釉双龙耳大瓶等，皆为清代仿古酒器。清代仿古酒器盛行，可能与康、雍、乾等三位皇帝嗜古情怀有关。

明清时期，虽然外倭不断袭扰，但作为中国文化的一个重要分支的酒文化仍在继续发展，作为酒文化载体的酒器亦以其固有的强势，向世人展示着它不朽的艺术内涵和辉煌成就，也许这正是具有中国特色的酒文化之魅力所在。

温润似玉的“内府”梅瓶

这是一位老华侨珍藏的明代内府瓷酒瓶。小口略残，外侈，厚圆唇，短颈，丰肩敛腹，足部外撇，圈足矮浅，沙底无釉。胎体由上至下逐渐变厚，胎质细腻，粉状感突出，犹如丝绸般柔顺。胎色白中显露黄斑，圈足外沿火石红痕明显。肩部有青花楷书“内府”二字，字体工整、圆润。此瓶施白釉，釉面肥厚，釉色淡雅，局部堆釉处白中闪青，温润似玉。

据收藏者说，这件“内府”梅瓶是在香港某古玩店里购得，当时店主称这件瓷器来自安南（越南）。我国自元代以来，一直都有瓷器销往越南及东南亚地区，近年在湄公河沉船中也曾打捞出许多明清时期的青花瓷器。这件“内府”梅瓶可能就是当时运往越南，后流失香港的。“内府”梅瓶作为明王朝皇宫内廷所用之物，流传在世的极少，除了日本安宅博物馆（即大阪市立东洋陶瓷美术馆）收藏的两件“内府”梅瓶外，这件略带残缺的内府梅瓶就是目前所知我国国内

明代内府梅瓶

仅有的一件明初“内府”梅瓶了。

日本大阪市立东洋陶瓷美术馆收藏两件“内府”梅瓶，造型和风格与上件完全相同。不同的是，日本所藏的两件“内府”梅瓶皆有盖。盖为覆杯形，下大上小，曲腰，盖顶突折，上有带尖圆钮。盖腹部饰青花折枝花纹，盖顶饰柿蒂状连叶纹，盖钮饰复层莲瓣纹。整个器盖清新自然，纹饰稀疏得当，与下部羊脂白釉梅瓶相配合，更是不拘一格，别具情调。

据考证，内府原意为仓库，署“内府”款的瓷器最早出现在磁州窑器物上。到了明朝初年，内府含义发生了根本变化，成为皇宫内廷之义。“内府”白釉梅瓶就是当时景德镇御窑厂专门为宫廷内府烧造的器物，属官窑精品。今日本所藏的这两件梅瓶，是目前所知国内外唯一两件保存完整的“内府”梅瓶。

从耿宝昌《明清瓷器鉴定》看到，此两器乃出土于北京，大约在1930年左右流散到国外，后被日本大阪市立东洋陶瓷美术馆收藏。

青花松竹梅三羊杯

此杯为传世品，杯口外敞，深腹曲壁，矮圈足。里外青花，口内沿饰以锦纹，杯心画一麒麟，外画三羊，三羊神态各异，一羊正面伫立，一羊侧面作行走状，一羊回首观望。三羊之间绘以松、竹、梅及杨柳、芭蕉等，取三阳开泰之意。此杯圈足低矮，胎釉间泛赭黄色，白釉肥润泛青。青花纹饰新颖，色泽浓艳而不晕散，为典型嘉靖回青之作。杯底部有青花双圈，内题“大明嘉靖年制”六字款。

明代松竹梅三羊杯

古时候，人们以羊、酒为食、饮之上品，故常以两者并用，以为馈赠或祭祀之物。汉代人们还以羊羔肉加曲来酿造羊羔酒。我国人民自古以来就如此偏爱于羊，不仅仅因为羊本身是重要的物质财富，更重要的是，羊

是吉利的象征，“羊”即是“祥”。我们曾发现汉代的铜器上雕饰羊的图案，并在某侧题铭“大吉羊”。“大吉羊”即“大吉祥”的意思。

羊，不但作为装饰图案经常出现在商周青铜酒器上，古代甚至还有羊形酒器，即羊樽，在汉代画像石上还曾经出现过羊樽的形象。但在秦汉以后的瓷酒器上，就很少见到以羊为纹饰者，这件青花三羊杯则是个例外。此杯胎薄釉润，轻盈透亮，主次纹饰搭配合理，疏密得当，不愧为明代官窑之精品。

酱釉描金孔雀牡丹纹执壶

明代嘉靖时期江西景德镇生产的金彩瓷酒器。1959 年底，陕西省耀县寺沟出土。通高 30 厘米、口径 5. 9 厘米、足径 8. 8 厘米。由盖和壶身两部分组成。壶盖呈弧形，有子口，顶部盖纽为一蹲坐小兽，作回首张望状。壶身为扁腹、高圈足、细长圆颈、浅盘状喇叭口。颈腹之间安有对称的细长流和扁把，流上部与颈之间连以“∞”状系带，扁把屈曲，顶部堆塑环状系孔，用以穿系与壶盖相连。执壶外壁通体以酱釉作地，饰以金彩纹样。扁腹两侧对称饰以形状相同的桃形开光，为双线勾成，开光内饰以孔雀牡丹纹作为主体装饰。扁腹其余部分饰对称的折枝牡丹纹，颈部饰叶纹。盖面、流和把分别饰连弧纹与花卉带饰。整体纹饰布局合理，结构严谨，对称而富于变化。穿行于牡丹花丛中的孔雀，亭亭玉立，自然生动。纹饰纤细繁缛，布满壶体，显得金光灿烂，富丽堂皇。同时以酱釉作地，加上挺拔匀称的造型，不失秀美、高贵之气。壶的内壁与圈足内施青白釉，圈足内心书青花“富贵佳器”四字铭文。该执壶为研究我国古代瓷器金彩装饰工艺提供了珍贵的实物资料，堪称明代景德镇金彩瓷器的典型佳作。现藏陕西省博物馆。

花耳银酒锺

1956 年，在湖北省圻春县刘娘井村发现一座明代墓，墓主人系荆端王朱厚烩次妃刘氏。墓内随葬品中有两件银酒器，其中银执壶上有“嘉靖叁拾肆年拾贰月内造……”铭款，银锺形体较小，敞口，腹壁斜直，口大底小。体

花耳银酒锺

侧焊附一枝折枝花形银錾，花心镶嵌一颗红宝石象征花蕊。锺内口沿下阴刻一周三角垂帐纹。外底镌有“银锺壹个重壹两肆钱八分整”12字。

锺作为酒器之名，在我国古代曾代表两种不同的器物。在汉代，锺指小口大腹的酒壶，许慎《说文解字》：“锺，酒器也”，班固《东都赋》：“庭实千品，旨酒万锺”，皆说锺为酒器。汉代实用的酒锺，在考古发掘中也一再出土，例如，河北省满城县汉代中山王墓出土的铜锺上有铭文“中山内府锺一，容十斗”，甘肃省武威县磨嘴子遗址汉墓出土的陶锺上墨书有“酒锺”二字，以上是汉代铜质和陶质酒锺的典型代表。湖南省长沙市马王堆汉墓遣策中记载说，随葬品中有“漆画枋一，有盖，盛温酒”，经专家考证，“漆画棰”就是彩绘漆壶，梪即锺，因漆器为木质胎骨，故其名从木旁。上述汉代的酒锺，都是形体较大的盛贮酒的器物。不知从什么时候起，“锺”又成为一种小酒杯的名称，唐代李贺《将进酒》诗曰：“琉璃锺，琥珀浓，小槽酒滴真珠红”，诗中的琉璃锺，应指酒杯；宋代欧阳修《定风波·把酒花前欲向公》词云：“把酒花前欲问公，对花何事诉金锺”，其“金锺”也应是酒杯；清代《土风录·来迟罚三锺》说：“吴俗饮酒有来迟罚三锺之语”，至今，民间仍把小酒杯叫作酒盅，“盅”与“锺”同音。圻春县刘娘井村出土的明代荆端王府银锺，有铭文自称为“锺”，为研究古代酒器名称演变提供了实物资料。现为湖北省博物馆藏品。

斗彩高士图杯

“斗彩”一词首见于清雍正年间成书的《南窑笔记》，而在明代文献中只有成化五彩或青花间装五色的名称。斗彩的烧造是借鉴景泰蓝工艺的掐丝、填料的技术在精细白瓷的素胎上以青花勾出纹饰的轮廓或局部，高温烧成后再在釉上填以红、黄、绿等彩料，二次入炉烘烧而成。这样，釉下青花和釉

上彩相互辉映、争奇斗艳，因而被称为斗彩。它的出现打破了宋元以来单纯釉上彩的局面，开创了釉下青花和釉上多种彩色相结合的新工艺，为明代后期的五彩及清初的粉彩的发展奠定了基础。鸡缸杯亦不例外，自问世以来备受推崇，被誉为“成化精品”，为“酒器之最”。以至入清以后，几乎历朝均有仿制，品种繁多，流传至今者多系清朝仿品，而真品甚为罕见，这只鸡缸杯真品也就弥足珍贵了。现藏故宫博物院。

斗彩高士图杯就是其中具有特色的一种，所绘人物形象主要有伯牙携琴访友、王羲之爱鹅、陶渊明爱菊、周茂叔（敦颐）爱莲等。一般是每两人一组。故宫博物院收藏的一件高士杯，高 3.8 厘米，口径 16.1 厘米，足径 2.7 厘米。胎质细腻、轻薄，形如仰钟，直口微敞，口以下渐收敛，浅圈足。底部有青花楷书“大明成化年制”六字款。器里光素，釉质洁白。杯身绘两组人物纹饰，一组为王羲之爱鹅，王坐于岸旁观鹅，一侍童捧书站立。王头部手部及下身衣着俱系青花，上身衣服轮廓青花填以矾红。童儿头部足部及手捧图书均用青花，衣服填浅水绿色。鹅的全身用青花勾画后再加赭彩。水用青花加绿色。侍童身后垂柳一株，树干用青花轮廓，加以赭色，苔点用青花，柳枝是在青花上再敷绿彩。坡石均青花，石边草竹俱加绿彩。另一组为伯牙携琴访友，伯牙双手下垂，一侍童腋下夹琴相随。伯牙头部青花，衣服用青花勾轮廓后全加水绿彩，但袖部领部丝绦及足部均露出原来的青花。侍童衣服为矾红色，黄色结带，头足及手与琴都是青花。侍童身后松树一棵，其着彩一如垂柳。松侧点缀野菊五株，全是用青花画好之后再加以绿色的干，黄色的花。全器斗彩丰富多样，色彩的运用灵活自如，尤其是对人物的描绘，皆描画精工。四人衣服的着色采用了矾红和水绿二色交错使用的技法，一改过去青花瓷器中人物形象色调单一的面貌，给人以耳目一新的感觉。

斗彩鸡缸杯

明成化窑烧制的酒杯精品。高 3.6 厘米、口径 8.2 厘米、底径 4.3 厘米。形似浅碗，敞口、平底。器里光素无纹，外壁绘纹饰四组：一组兰花柱石；另一组芍药柱石，柱石均用青花表现，兰花与芍药枝叶均为绿彩，芍药花为

斗彩鸡缸杯

红彩。两组花卉对应分布于杯两侧，其间各绘子母鸡五只，一组作母鸡低头寻食，三只活泼可爱的小鸡正分别奔向母鸡做扑食状，而那红冠黑尾的雄鸡回首顾盼，似在警卫防护；另一组则作雄鸡神气地昂首长鸣，母鸡正在啄虫，小鸡们环绕着母鸡。纹饰分别填以红、黄、绿、墨等釉上彩色，画面鲜丽优雅。上下配以青花边线，器底青花双方框双行“大明成化年制”六字楷书款识。

斗彩的出现是中国彩瓷发展史上的一个里程碑，它创烧于明代成化时期，并取得了辉煌的成就，成为明代彩瓷之冠。成化斗彩器素以小巧玲珑著称，尤以各式酒杯为最。至万历时期就有“成窑酒杯，每对至博银百金”的记载。

仿哥窑高足瓷杯

明代成化瓷器以“斗彩”最著名，其“五彩”“青花”亦较出色，此外，仿哥窑产品也很有名气，北京故宫博物院收藏的这件高足杯便是其中之一。该杯侈口，杯口呈八角形，喇叭形高足，遍体有细密的不规则冰裂纹。杯高 9.2 厘米，口径 7.5 厘米。紫色杯口，铁色圈足，与青釉相映成趣。冰裂纹虽

磁州窑大酒坛

非人工刻绘之花纹，但同样具有装饰效果，别有一番情趣。

哥窑是宋代五大名窑之一，一般认为位于浙江龙泉县（或说杭州）境。据传说，南宋时有章生一、章生二兄弟俩在龙泉各主持一座瓷窑，人们习惯上把章生一的瓷窑叫作“哥窑”，称章生二的瓷窑为“弟窑”。在激烈的商业竞争中，“弟窑”渐渐不敌“哥窑”，弟弟恼羞成怒，便提了凉水从哥哥的窑顶浇下去，欲破坏哥窑满窑即将出窑的瓷器，不曾想，这凉水一激，哥窑瓷器之表釉炸裂开来，形成许多“冰裂纹”，产生了意想不到的效果。这一传说的真实性如何，暂置不论，而在浙江龙泉一带的南宋瓷窑遗址中，确实出土一些灰黑胎厚釉青瓷，在传世古瓷中也有类似产品，其特点是，胎骨薄而坚硬，呈灰、灰褐或深紫色，釉层饱满，而且普遍有细密的冰裂纹，即所谓“百圾碎”。器物的口缘，在烧成时由于釉向下流动而隐显紫色，圈足无釉处则显呈铁色，故有“紫口铁足”之称。目前，许多文物考古专家认为这些瓷器就是古文献记载的“哥窑”产品。

真正的哥窑瓷器并不多见，因而明代成化时期仿哥窑产品便显得非常珍贵了。

磁州窑大酒坛

这是一件明代万历年间由磁州窑烧制的大型盛酒器，高 66 厘米、口径 17 厘米、底径 22 厘米、最大腹径 46 厘米。侈唇、高领、深腹、平底。经实测约可盛水 100 斤。肩部有 13 个支钉痕，为烧造痕迹。全器白地黑花装饰，颈部和肩部均为弦纹和水波纹，肩上部两道弦纹之间行书“山西潞安府壶关县程村匠人马做造大样酒坛，戊子年造”，一周共 23 字。除“戊子年造”四字外，余下每字之间均用线条相隔。肩部以花纹隔成五个开光，每个开光内行书两字，字体较大，连成一周为“此酒填平闷海、推倒愁山”共10字。腹部饰弦纹、水波纹和卷叶纹等，构图洒脱。

从酒坛的造型、釉色、花纹等特点推测其年代应为万历十六年（1588年）造。

镏金银托双耳玉杯

在明代万历皇帝的朱漆楠木棺内，靠近万历帝头部的地方，随葬有一件银托玉杯，杯是白玉制成，微侈口，深腹，有小圈足，杯身两侧有对称的圆雕牵牛花形双耳，花朵直立朝上，花心各嵌一块红宝石，象征花蕊，花下陪衬枝叶。杯形小巧玲珑，玉质温润如凝脂，雕琢精细，抛磨光洁，双耳雕成牵牛花状，巧妙有趣。杯高5.5厘米，口径5.8厘米，重约94克。

玉杯出土时，放在一件银托盘中，托盘通体镏金，平折沿，浅腹，宽圈足。口沿上雕刻双线锯齿形纹，等距离镶嵌有红宝石、蓝宝石和珍珠各四颗。托盘内底为沙地，浮雕式图案系从外向内锤打而成，中心凸起为覆莲形杯座，莲瓣上嵌有四块红宝石、四块蓝宝石和四颗珍珠，座中央刻海棠花，周围凸

镏金银托双耳玉杯

起一个圆环，玉杯的圈足刚好嵌卡在圆环内。在杯座周围，是缠枝四季花。托高 1.3 厘米，口径 15.9 厘米，重约 147 克。

现珍藏在北京定陵博物馆的这件银托玉杯，精美绝伦。洁白的玉杯上嵌有鲜红的宝石，镏金银托盘装饰着浮雕花纹，又点缀 24 颗红、蓝宝石和珍珠，相映增辉。一件小小的酒杯，竟然如此富丽堂皇，皇家生活的豪华奢侈，由此可见一斑。

据记载，万历皇帝生前非常喜欢饮酒，所以死后的随葬品中有不少精妙的酒器，而且绝大多数珍藏在棺内贴身处，计有金托玉爵、金托金盖玉盏、金托玉酒注、金托青花瓷盏、金爵、金酒注、金杯等 20 来件（套），充分体现了万历帝好饮之癖。据说，这位皇帝不仅喜欢喝酒，而且每喝必醉，每醉必怒。若是普通人，喝醉之后或笑、或哭、或喜、或怒，都无妨大局，但是皇帝醉酒发怒却不得了，往往要开杀戒，中国历史上帝王酒后杀人的例子数不胜数，万历帝醉后发怒也经常杀人，有人统计说，被他醉后怒杀者不下千人！古人说酒色是杀人刀，此言不虚。

知识链接

寓意深远的金托玉爵

在出土文物中玉质酒器已见有卮、杯、角杯、耳杯、盏、爵等，其中，最名贵的玉爵当属明代定陵出土的金托玉爵。

这件金托玉爵出土于万历皇帝棺内，系采用优质新疆和田白玉制成。爵口呈元宝形，流宽短，尾亦宽短而有尖，深腹，圜底，口沿上流尾之间竖立一对蘑菇状矮柱，柱顶刻水涡纹。三足呈圆柱状，爵錾雕作爬龙状，龙屈身弓背，后爪登爵腹，前爪攀爵口，龙腹与爵身之间的空隙恰好可容

插入一手指，形象生动，美观实用。爵流和爵尾的外壁各雕一正面龙，龙的前爪上各托一字，流部的是“万”，尾部的为“寿”，合起来是“万寿”，寓意万寿无疆。两龙之间刻一组四合如意云纹，三条爵足的根部各刻一如意云纹。该爵选料上乘，雕工精湛，花纹庄严对称，气势不凡。作为爵鋬的立雕龙，生动活泼，富有动感。通高11.5厘米，口径长13.2厘米，重396克。

金托呈浅盘状，中央凸起一树墩形爵座，顶设三孔，玉爵之三足刚好插入三孔内，爵座的外表錾刻怪石险峰，其上点缀红、蓝宝石各三颗。托盘的口沿上刻云朵纹，等距镶嵌红、蓝宝石各六颗。托盘底部为沙地，浮雕花纹，主题纹饰为二龙戏珠，龙首之间为火焰宝珠和云朵，龙尾之间是海水江崖，共镶嵌红、蓝宝石各4颗。托盘高1.5厘米，口径19.7厘米，爵座高6.5厘米，总重约500克。

这件金玉结合的御用宝物，价值不可估量。它选用了最为贵重的材料白玉、黄金、宝石，在造型设计上又煞费苦心，功夫深厚：玉爵的形制仿自古铜爵，配上妙趣横生的龙形鋬和双龙花纹“万寿”款识，已是常人不可仰视之宝器；金托的造型设计，意在表现龙腾蛟游在江海之中，耸立着一座仙山，险峰重叠，富蕴宝藏，而玉爵则稳置于仙山之上。爵在古代是权位的象征，“万寿”玉爵骑立于江海中的仙山奇峰之上，应是寓意“稳坐江山”“万寿无疆”。因此说，该器不仅有皇家的奢华，而且极富王者气概。

第二节 清朝的酒具

永禁烧酒

清代是中国封建社会的末代王朝，其酒税政策也经历了一个由简趋繁、从轻渐重的发展过程。清初，官方一度实行禁酒，不过此时所禁之酒已是以高粱为原料的烧酒，黄酒则不在禁酿之列。康熙二十八年（1689 年），谕旨“饬禁盛京多造烧酒糜费米粮”（《清文献通考·征榷考五》）。康熙三十年(1691 年)，又谕内阁“闻畿辅谷价翔贵，遣户部笔帖式一员往谕直隶巡府，令其于所属地方，以蒸酒糜米谷者，其加意严禁之”（《古今图书集成·食货典·酒部汇考三》）。乾隆二年（1737 年），又“特降谕旨，永禁烧酒”。但后来，此制在执行时也有所区别，即丰岁稍宽，歉年较严。

清前期的酒税，原则上由地方政府负责征收，国家一级不设相关的征税官吏。此税又可分列几种形式：一是市税，即对市肆门摊征收的税金，亦称“油酒税”，税额很低。二是关税，指运酒途经各个关卡时需要缴纳的门关税，税率也不是很高。三是对造曲的征税，以 300 斤为限额，直隶布政使奏每年此项税银不过 70 余两，相当有限。

鸦片战争爆发后，清政府财政入不敷出，清政权也日益腐败，横征暴敛成为它垂死挣扎的一根“救命草”，酒税增额在所难免。在清后期新添的“厘金”税中，“酒厘”即属一项。虽然规定征课率为 1%，但在实际征收时，各省大都自定税率，厘卡重叠，层层盘剥，纳税者往往要付数倍于此的税额，负担之重自不待言。

随着税额的膨胀，烧酒的禁例也被悄然打破，北方直隶省各州县增开"烧锅税"，凡领照纳税的商人可以名正言顺地制造烧酒售卖。咸丰三年（1853 年），户部奏准各铺每年纳课银 16 两；至同治元年（1862 年），税额就翻了整整 1 倍，户部每年仅从直隶地区即可收取税银几万两。如果酒商在贩酒途中被查出酒坛上未贴检税机构发给的"烧锅发票"，还将被课以重罚。另外，各种名目的酒税层出不穷，像"落地税""门销税""坐贾税""印花税"等，税种之多、税额之重，与清初形成了鲜明的对比。为能及时收取税银，各地政府更是"添设税局""设役巡查"，此时的统治者已全然没有了颁行"酒谕"的闲情，再也顾不上奢谈什么酗酒之害、禁酒之益，而是斤斤于酒税之征，最大限度地满足自己的"胃口"。再加上吏治的腐败，层层不乏中饱私囊者，积习所染，流弊丛生，广大酒户身受重缚，苦不堪言。封建政权的残暴与腐朽的一面，在酒税中也得到了真实的反映。

五彩十二月花卉杯

五彩十二月花卉杯是清康熙年间景德镇烧造的一套压手酒杯，共 12 只，大小形制皆相同，设计者别出心裁，分别用一年十二个月中不同花卉来装饰酒杯的外表。酒杯胎质乳白，器薄如纸，每只杯仅重 22 ~ 25 克，堪与神秘莫测的山东龙山文化蛋壳陶杯相媲美。

十二月花卉依月份不同各有所异，色彩艳而不俗，而且画面静中有动，

五彩十二月花卉杯

如四月杯绘红花，旁边有两只翩翩飞舞的彩蝶；七月杯在莲花丛中，既有翻飞的蝴蝶，又有成双的鸳鸯；九月杯在鲜花正开的桂树下的草丛中，伏卧着一只可爱的小白兔。没有动物的，则在花丛下点缀其他草木山石。每个杯子都具有浓郁的时令气息，观之可亲，使人既饮酒又赏景，自然酒兴大增。

除此之外，每个杯子的图案旁边，还都依景而题有相应的五言、七言诗句，一月杯题“素艳雪凝树，清香风满枝”；二月杯题“金英翠萼带春寒，黄色花中有几般”；三月杯题“风花新社燕，时节旧春浓”；四月杯题“不随千种尽，独放一年红”；五月杯题“清香和宿雨，佳色出晴烟”；六月杯题“晓艳远分金掌露，暮香深惹玉堂风”；七月杯题“根是泥中玉，心承露下珠”；八月杯题“露色珠帘映，香风粉壁遮”；九月杯题“枝生无限月，花满自然秋”；十月杯题“千载白衣酒，一生清女香”；十一月杯题“广殿清香发，高台远吹吟”；十二月杯题“春风弄玉来清书，夜月凌波上大堤”。在每只杯子题诗的下面，都钤一“赏”字印。在圈足内底青花双圈内，均有“大清康熙年制”六字款。

琥珀荷叶杯

此杯 1974 年于江苏省江宁沐睿墓出土，杯身为卷拢荷叶形，周围为浮雕或透雕错落有致的荷茎和水草，在其一侧圆雕渔翁作荷叶杯之把手。渔翁上身袒露于外，腰间挎一渔篓，右手抓杯口，左手握鱼，面露喜悦之色。犹如江中渔翁辛苦一天，满载而归，望着篓中之鱼，仿佛看到了杯中酒绿，好不开怀！

江宁位于我国东部沿海地区，河海交错，渔产丰富，古时候，此地的先民们多以捕鱼为生，这里出土的荷叶杯上出现渔夫的形象也就不难理解了。

荷叶杯出现较早，唐诗宋词中屡有吟及荷叶杯者，如“茶烹松火红，酒吸荷杯绿”“疏孛柳花碗，寂寥荷叶杯”“酒盏旋将荷叶当，莲舟荡，时时盏里生红浪，花气酒香清厮酿……”等。在出土文物中，也已发现许多荷叶形酒杯，唐宋时期多为金、银、玉、瓷等质料制作的荷叶杯，明清时期则用犀角和琥珀等来制作荷叶杯，更显出对用荷叶杯饮酒这种习俗的重视。

琥珀荷叶杯

彩漆鸟形杯

此杯系清代彝族人制作的肖形酒器。杯身为圆雕，鸟形，喇叭形圈足，鸟尾平展向后，鸟首斜前伸，鸟背和腹底各插有两根竹管。杯体黑漆作地，用红、黄两色绘羽毛，腹部饰古泉纹。盛酒时由杯底竹管注入，然后将杯体摆正，由于杯底竹管较长，几欲接近杯背，故酒液不会溢出。饮酒时则从背部竹管吸饮。用倒装结构的杯、壶盛酒，美酒则不易泄漏，浓郁的酒味也不会蒸发，如此设计，真可谓巧夺天工，匠心独运，显示了彝族人民高超的工艺水平。

鸟形玉杯

其实，倒装酒器并非清代彝人首创，而是早已有之。1968 年，在陕西彬县出土了一件宋代耀州窑的瓷

器——青釉刻花提梁倒流壶，其设计原理已相当成熟，是目前所知最早的一件倒装酒器。与这件青釉刻花倒装酒壶相同的瓷倒装酒壶，在日本出光美术馆亦收藏一件，大概亦为宋代耀州窑的杰作。

双童耳玉杯

这是清朝早期精工制成的一件仿古玉器。高 5 厘米，口径 6.4 厘米，圈足底径 3.1 厘米。杯呈圆形，敞口、深腹，圈足略外撇。杯腹两侧镂雕对称的两个童子作为杯耳，小童子双足立于祥云之上，云朵近似矩形，刻以云纹，外端略向下倾斜。童子直立，双手并拢，扒住杯口沿，面朝杯中作窥视状。童子的腹部与杯壁之间的空隙恰好便于手握，形成双耳。

该杯本由青玉制成，然器表却有大片人工染色痕迹，并扩散浸入器壁，形成不同层次的颜色。据传一向好古的乾隆皇帝看到此杯时觉得颜色特别，就去问当时正在宫内造办处当差的著名琢玉工匠姚宗仁，没想到姚称该杯是

玉杯

他祖父制作的仿古玉器，并告诉皇帝制作方法。乾隆听后且喜且叹，禁不住写下了《御制杯记》以记之，并命令工匠刻在盛放此杯的紫檀木盒上。1981年安徽六安出土的宋代镏金银托盏，以及传世的元代双人耳礼乐玉杯等，均以双童为耳。尤其是后者，作为杯耳的双童手扶杯沿，足踏祥云，其镂雕方式与双童耳玉杯极为接近，而且都是利用童子与杯腹壁之间的空间作把手，杯身的造型亦相同，说明姚氏仿古是有所本的。姚氏一家数代在清朝早中期均为琢玉名匠，善造假古玉器，有不少作品流传于世。双童耳玉杯作为仿古器，同时也是宫廷实用的酒器，仍然具有重要的价值，值得人们重视。此杯现藏北京故宫博物院。

“金瓯永固”金杯

清代皇帝于每年正月初一举行元旦开笔仪式时的专用酒杯。通高12.5厘米、口径8厘米、足高5厘米。杯呈斗形，两侧立夔龙为耳、夔龙头各安珍珠一颗；三个卷鼻象头为足，以金丝象牙围抱足两边；杯身满錾宝相花，花纹对称，镶嵌以珍珠、红蓝宝石做花心，点翠地。杯口刻回文，前面正中开光，錾刻阳文篆书“金瓯永固”四字，后面钤“乾隆年制”款式。据嘉庆帝十二年（1807年）御制诗《元旦试笔》的注释获知，清朝元旦开笔仪式始于雍正，定制于乾隆；仪式定于元旦子刻在养心殿东暖阁之明窗举行，该金质镶嵌珠宝的“金瓯永固”杯是仪式中必不可少的御用法物之一，用以盛屠苏酒。根据清“内务府活计档”记载，“金瓯永固”杯的制作始于乾隆四年，次年成，以后又有补充。乾隆皇帝对此杯的制作十分重视，不仅调用内库的黄金、珍珠、宝石等珍贵材料，而且要求在制作之前应先画图样呈览，经亲自过目批准后才能承做。制作过程中又再三修改，并且强调“往细里做”，直至皇帝十分满意方可。因此，该“金瓯永固”杯尺寸虽小，但造型别致，工艺复杂，繁缛的纹饰，加上通体光灿晶莹的珠宝，显得精美异常。一直被清代皇帝视为珍贵的祖传法物。“金瓯”寓意国家政权，取名“金瓯永固”，则反映了清朝统治者永远巩固地保持政权的一种奢望。该杯现藏故宫博物院。

錾花银提梁壶

在北京故宫，藏有许多精美的清代文物，錾花银提梁壶便是其中之一。该壶为圆体，细颈深腹，有圈足，盖隆顶，四棱宝珠状钮，盖缘有对称双环钮，各连一个大圆环，与提梁相套。提梁下部呈S形，上部是U形活动提手。细长流，铸作龙头衔流管状。腹部与流相应处，有一个环形小鋬。壶上通体錾刻精细花纹，盖上是海水云龙纹，颈部为松鼠葡萄纹，肩部一周云龙纹，腹部以山水竹木为背景，刻画了老者对弈、饮酒赏月、携琴访友、读书吟诗等人物图案，近足处有一周杂宝纹。錾刻的阴线内填充黑漆。壶高31厘米。

这件银壶造型典雅，錾花细腻，锃亮的壶体与漆黑的花纹形成强烈的对比，花纹图案活泼舒展，体现了浓厚的中国画风韵，是清代乾隆时期银酒器中的精品。

龙纹玉觥

清代乾隆年间仿古玉器中具有代表性的一件御用酒器。以青褐色玉料仿古雕刻而成，局部有铁色浸痕。高11.3厘米、口径7.4~12.1厘米。整体呈不规则椭圆形，方唇、直腹、平底。口沿部成流线形，外侧阴刻回纹一周，回纹纹样与周代青铜器上的一致。腹部在勾连云纹锦地上浮雕一龙作为主体装饰，龙首、龙尾均凸在器之两侧，其形象具有很强的写实性。底部中央阴刻乾隆仿古玉器常见的篆书款“大清乾隆仿古”六字，内口沿阴刻乾隆五十二年（1787年）御题楷书七言诗一首，称此器原名龙尾觥，系仿古玉器，玉料上的浸痕非人工所致，乃制作前的天然浸蚀。

清代是我国玉器制作工艺的鼎盛时期，仿古玉器为其一大特色，而尤以乾隆朝为盛。龙纹玉觥古色古香，色彩庄重，代表了乾隆晚期仿古玉器的风格和成就。该物现藏于北京故宫博物院。

知识链接

清代的玉器酒具

玉器自新石器时代初期就已出现，一直长盛不衰，但做酒器的玉器只是到了明清时期才多起来。不过，一般的玉器都无年款，到了清朝雍正年间，才开始在玉器上刻款，而且数量并不是太多。

中国自古就有“君子无故玉不离身”的说法，赋予玉许多神秘化的品格。儒家释玉有九德，并以玉喻人。从新石器时代晚期起，礼仪用玉一直是显贵的专用品，并用玉通天达地、祭鬼祀神。清代，随着社会政治、经济的发展，玉器的使用范围也大大地扩大了。礼仪用玉虽未消失，但雕琢已相当粗糙，无法和同时代的其他类型的玉器工艺水平相比。雍正时期是清朝玉器工业的一个重要转折点。在经过了从顺治到康熙近80年的创业以后，清朝的江山已固若磐石，从雍正开始，经济进入了繁荣发展时期，尤其是玉器制造业取得了更为显著的成就。从雍正至嘉庆近一百年中，玉器的作品之多、应用范围之广，在历史上都是空前的。玉器种类之广，已深入到生活的各个方面。从饮食器皿、装饰品、陈设品到文房用具、宗教用品甚至家具，式样繁多，鬼斧神工，已达到了千文万华，纷然不可胜识的地步。无论是玲珑奇巧的小装饰品，还是重达万斤的玉山或五千斤的玉瓮，都精雕细琢，展现出琢玉工艺的一派繁荣景象。

不过，玉器毕竟是高档奢侈品，尤其是玉酒器，一般只有皇室和贵族才能使用。在清代宫廷里面设有“造办处”，专门为皇室制造各类物品，其下所设的“玉作”便是承做玉器、珠宝的重要作坊，其中的工匠都是来自苏州、扬州等玉器制造业发达地区的能工巧匠，也有少数是从新疆征调来的。由于玉酒器使用者的地位非常显赫，因此选料都相当考究，制作也格外追求精美，使饮者在品酒的同时，也能得到精神上的享受。

第五章

古代饮酒习俗与酒文化

说到饮酒器具，我们不禁想起文学作品中常出现的情景。从成语中的“觥筹交错”，直至江湖豪杰“以瓢沽酒”或“大碗筛酒”，从书圣王羲之借“曲水流觞”饮酒，诗仙李白“会须一饮三百杯”，到苏东坡“一樽还酹江月”、范仲淹“把酒临风，其喜洋洋者也”，再到李清照“三杯两盏，怎敌他、晚来风急”……诗文中的“觥”“樽”“杯”“盏”等，皆是饮酒器具。只不过，时代不同而饮者有别，上古之人临池用手掬捧而饮，草莽英雄瓢舀碗盛豪饮，文人雅士持杯把盏酌饮。接下来，我们一起领略古代人们的饮酒习俗与文化。

第一节 古代节日饮酒

元旦饮酒

每年正月朔日，即农历正月初一，古代有“元旦”“岁旦”“正朝”“三元”“三朝”等多种称呼。元旦饮椒花酒是很古老的习俗。如《楚辞·九歌》云：“蕙肴蒸兮兰藉，奠桂酒兮椒浆。”自汉代开始，则变为饮椒柏酒。汉代崔定的《四民月令》称“椒”是玉衡（北斗第五星）星精，服之可令人身轻耐老。柏是一种长青之树，其叶常后凋，因而多被用以祈吉祝福。古人曾留下过“柏叶随铭至，椒花逐颂来”的诗句，可见饮椒柏酒是出于延年益寿、祛病除疫的考虑，表达了一种十分美好的祝愿。

别致的屠苏酒饮法

至少到南北朝时期，在椒柏酒之外，又增添了饮屠苏酒的习俗。关于屠苏酒的来历，流传着这样一段故事：相传从前有位长者寄居在一处名为“屠苏”的

草庵中，每年腊月三十这夜，他都要送给四方邻里每家一包自制的草药，并叮嘱一定要用袋子装好，浸到井中，第二天再捞出来，掺在酒里饮服，这样可使人一年里不得瘟病。大家经过尝试，无不应验，都觉得很奇妙。后人只得其方，却未详细提供药方者的姓名，遂笼统地以“屠苏”来称呼它。不过，明代的李时珍却不以为然，他在《本草纲目》中引录南北朝名医陈延之的《小品方》时，认为此酒出自汉末华佗之手，其药方中共含有八味药，合而为剂，故又名“八神散”。这个说法一直未获定论。总之，屠苏酒中的药物成分，确实具有显著的解毒辟邪、行气和血的功效。

更有趣的一点是屠苏酒的具体饮法。《荆楚岁时记》称，饮此酒要让年纪小的人先饮，逐次依齿龄大小各饮少许，最后才是年纪最长者进饮。所谓“少者得岁，先酒贺之；老者失岁，故后与酒”，人生的成熟与衰老在祝酒中竟得到了如此精湛的浓缩。唐代顾况诗云：“还丹寂寞羞明镜，手把屠苏让少年。”而宋代的苏轼则写道：“但把穷愁搏长健，不辞最后饮屠苏。”两位诗人都是除夕夜饮屠苏酒，却展现了截然不同的两种心境。

秋风社酒各言情

社日可以说是中国最富农耕色彩的节日。社乃土地之主，《史记·封禅书》称“自禹兴而修社祀”，郑玄注《月令》中有“春事兴，故祀之以祈农祥”。又据《礼记·祭法》记载：“共工氏之霸九州也，其子曰后土，能平九州，故祀以为社。”相传炎帝后裔中有烈山氏和共工氏两个部落。其中共工氏在沿黄河流域向东发展的过程中，与蚩尤部落发生冲突，双方在“涿鹿之阿”（今太行山东侧）展开决战。结果，共工不敌，怒触不周山，弄得天崩地裂。后来，女娲采炼五色石，才将撞塌的天补好。共工的儿子勾龙则将地上的裂缝填平，使泛滥的洪水得以消退。黄帝因此选中了勾龙，封官“后土”，让他负责管理天下土地。从此，勾龙便被人们当作社神来祭祀。

先秦时期，祭社只有春社一项，自汉以后，始有春秋二社。从唐朝起，春秋社日被固定安排在每年立春、立秋之后的第五个戊日，大约是在春分或秋分前后。春社祈丰，秋社庆收，所谓春祈秋报，在农事活动中表现出浓厚的民俗心理特征。

自古以来，社日祭祀十分兴盛，尤其社日聚饮，更是不可或缺的一项传统。“鹅湖山下稻粱肥，豚栅鸡栖半掩扉。桑柘影斜春社散，家家扶得醉人归。”唐代诗人王驾的这首《社日》诗，寥寥数笔便为人们描绘出一幅春风徐徐，老少相扶，载酒晚归的农家春社欢饮图，连那平日里久缚于笼的家禽，都无拘无束地在庭院中悠闲往来，这情景是何等的亲切动人。宋代梅尧臣的《春社》诗亦称“年年迎社雨，淡淡洗林花”“春醪酒共饮，野老暮相哗”。清人郑燮的《野老》诗云：“输罢官租不入城，秋风社酒各言情。”金秋岁收，五谷丰盈，不正是辛苦忙碌了一年的农人们所殷殷企盼的美好结果吗?《东京梦华录·秋社》记载：“八月秋社，各以社糕、社酒相赍送。”丰收可谓是农人生活中的一个最轻松的主题，也是农人生活理想的最高寄托。他们兴高采烈地载歌载饮，是要用一杯杯醉人心脾的美酒，把岁月更迭、春秋嬗递的人生甘苦浸泡得更加浓醇芳烈，给他们的生活带来更深的品尝，更久的回味。

春水桃花满禊潭

上巳节节期在农历三月的第一个巳日。禊又称“祓祭”，是先秦时期广泛流行的一种以香草涂身进行沐浴的除灾祛邪仪式。《周礼·春宫·女巫》载：“女巫掌岁时祓除衅浴。”汉郑玄注：“岁时祓除，如今三月上巳如水上之类，衅浴谓以香熏草药沐浴。”《汉书》中也保留着“洗濯祓除，去宿垢病”的记载。魏晋以后，上巳节节期才被固定在农历三月初三。

史载，西周王朝祓禊时，周公曾主持临水宴饮的仪式，流水泛酒，羽觞随波，以祝周公卜成洛邑。西汉武帝时将秦朝的宜春苑故址改建为曲江宴饮的胜地。后来，人们逐渐习惯于在春日里沿溪列坐，让一种带耳的酒杯（又

称“羽觞”）顺流浮动，一旦酒杯在谁的面前停顿下来，谁就要欣然举杯，一饮而尽。文人们聚会时更要一边开怀畅饮，一边即兴吟赋，一觞一咏，风流蕴藉，实在是一种难得的雅致。

唐朝时，上巳禊饮成为一件文人之间聚饮的盛事。陈子昂《三月三日宴王明府山亭》载：“暮春嘉月，上巳芳辰，群公禊饮，于洛之滨。奕奕车骑，粲粲都人，连帷竞野，袪服褥津。”这样场面宏大的聚饮，恐怕是一时所仅有。张说《三月三日定昆池奉和萧令得潭字韵》载：“暮春三月日重三，春水桃花满禊潭。广乐逶迤天上下，仙舟摇衍镜中酣。”文宗开成三年（838 年），身兼太原尹、河东节度使的中书令裴度也在洛水之滨举办了一次成功的禊饮雅会，著名的诗人白居易、刘禹锡等都前来助兴。刘禹锡吟道：“洛下今修禊，群贤胜会稽。”诗人把杯乘兴，对于此时之会充满了自信，此等壮语非大唐文人不得发之。自唐之后，这种大规模的禊饮活动才逐渐减少。

端午节饮酒

农历五月初五为端午节。因午为阳辰，故又有“端阳”之名，也有人称之“天中节”，道教称之“地腊节”。根据古代的习俗，一般认为五月属恶月。《四民月令》载：“是月也，阴阳争，血气散。”《荆楚岁时记》载：“五月俗称恶月，多禁忌。”从节令的角度来看，端午期在仲夏月，时近初夏，雨水渐增，潮气渐重，由于细菌繁殖加快，人易染病，所以才有“恶月”之说。

端午尚酒，其酒多属药酒，目的在于借酒辟邪，以止恶气。在这些酒中，最常见的有菖蒲酒、雄黄酒和蟾蜍酒。

端午中最早用于祛邪除瘟的药材是一种兰草，其味香，煎汤沐浴，效果甚佳。屈原“浴兰汤兮沐芳，华采衣兮若英”的诗句所指即此。后来人们才代之以艾草和菖蒲。《荆楚岁时记》载：“端午，以菖蒲生山涧中一寸九节者，或镂或屑，泛酒以辟瘟气。”《本草纲目·附诸药酒方》载：“菖蒲酒治三十六风，一十二痹，通血脉，治骨痿，久服耳目聪明。”唐代的殷尧藩对菖蒲酒十分推崇，他在《端午日》诗里写道：“不效艾符趋习俗，但祈蒲酒话升平。”宋代的梅尧臣在端午行饮，因无菖蒲酒助兴，竟索性滴酒不进，不肯以“滥竽”充实脾胃。直等到傍晚，弄来蒲酒之后，才喜不自禁，吟道：“薄暮得菖蒲，犹胜竟日无。我焉能免俗，三揖向樽壶。”真是憨然有趣，惹人发笑。

以雄黄辟毒的节俗出现得比较晚，大致盛行于明代。雄黄实为一种矿物质。据《本草纲目》介绍，“雄黄，味辛温，有毒”，可“主治百虫毒、蛇虺毒”。清代潘荣陛的《帝京岁时纪胜》载：“午前，细切蒲根，拌以雄黄，曝而浸酒，饮余则涂抹儿童面颊耳鼻，并挥洒帐间，以辟毒虫。”在民间，关于雄黄辟毒的说法流传最广的莫过于许仙与白娘子的一段传奇故事。白娘子禁不住许仙的一再相劝，喝下雄黄酒而最终显露原形，直吓得许仙一命呜呼。白娘子历尽劫难，去嵩山盗回仙草，总算将许公子救活。从这里可以发现，古人对雄黄酒的威力是十分看重的。

端午节还有一项特殊的活动是捉蟾蜍。据说，只有这一天捕获到的蟾蜍，药效才最大。古时形容一个人办事总赶不上点子，便称为“六月蟾蜍”。端午蟾蜍作为一味名贵的药材，具有祛毒除热、壮阳补肾的作用。通常的做法是用针将蟾眉刺破，挤出汁液，调入酒中，随即可饮。此节俗始流行于汉代。南明的弘光皇帝为求获此物，在端午日对朝贺的百官都懒得一见，派出手下四处搜寻蟾蜍，用以泡酒，制成“房中之药”。难怪他不思收复江山，只求偏安一隅，在朝不保夕的日子里，还念念不忘纵情声色。

《红楼梦》中的中秋团圆饮酒图

端午节起源的另外一种说法，来自于南方民族端午竞渡的习俗。据闻一多先生考证，古代吴越民族以龙为图腾，每年五月初五举行盛大的图腾崇拜，作龙舟竞渡。战国

以后，赛龙舟多以纪念伟大的爱国诗人屈原为主基调。千百年来，楚国大夫屈原以他卓绝伟岸的节行，赢得了中华民族的普遍爱戴与敬仰。屈原托生于一个“举世混浊而我独清，众人皆醉而我独醒”（《楚辞·渔父》）的不幸时代，先是遭怀王放逐，后被顷襄王贬谪，孤独地流落江南。但是，他在国难当头，许多人沉溺于醉生梦死的时候，始终保持着一份真诚的清醒，而绝不肯同流合污。他之所以“不醉”，恰恰是因为他怀有一颗正直而孤寂的心。清代屈大均在《吊雪庵和尚》诗中曾感慨：“一叶《离骚》酒一杯，滩声空助故臣哀。”在端午节酒里，我们的眼前时时会浮现出一个执着于信念、献身于理想的伟大身影。

中秋节饮酒

“十二度圆皆好看，其中圆极是中秋”（唐·欧阳詹《玩月诗》）。中秋之名，始见于《周礼·夏官》。在周代，中国已有秋夕天子祭月的规定。《说文解字》称：“八月黍成，可以酎酒。”表明秋季不仅是丰收的季节，而且不失为酿酒的好时节。唐玄宗曾于中秋把酒赏月，命人特筑赏月台。《东京梦华录》所载宋代中秋习俗称：“中秋节前，诸店皆卖新酒……市人争饮，至午间，家家无酒。”不到中午时分，所有酒店新酿的成酒便被争购一空，节日的气氛竟是如此热烈。入夜之后，富贵人家登临预先装修好的楼台，普通百姓人家则争先恐后地跑到城中各处的酒楼，一边赏月，一边饮酒，笙曲盈耳，连宵不辍，整座开封城都沉浸在酒歌醉语的喧闹声中。

“中秋一醉不嫌迟，莫负今宵把酒卮”（清·陈澧《秋夜即事》）。中秋圆月不仅牵动着千家万户的浓浓情思，也时时催发出诗人文士的逸兴情怀。对夜把盏，向月清吟，更属于诗人生涯的一大幸事。“花间一壶酒，独酌无相亲。举杯邀明月，对影成三人”（唐·李白《月下独酌》）。“青天有月来几时，我今停杯一问之”（唐·李白《把酒问月》）。传说李白是在大醉之余蹈江捉月，终致身殁。这是何等美丽醉人的传说！一位孤高桀骜而又浪漫率真

的旷代诗仙，甘愿让自己一颗寂寞的心与酒相伴、共月长眠，“但愿当歌对酒时，月光常照金樽里”，诗、酒、月，已然构成了诗人生命轨迹中光辉皎洁的一环。

中秋快饮里，还有一种酒不能不提，即桂花酒。桂花酒的出现由来已久，《楚辞》中有“奠桂酒兮椒浆”的诗句。自魏晋开始，民间一直流传着关于月宫桂树的故事。据说月宫里生长着一棵十分壮硕的桂树，仅树身的高度就500余丈。河西郡人吴刚因学仙有过，遭谪至此，被责令砍伐这棵巨树。俗话说，“只要功夫深，铁杵磨成针”，何况以斧伐树，看来不应算是很困难的事。但问题也正在这里，偏偏这棵树有一种独特的自愈功能，被砍过的地方会很快愈合，随砍随合，始终无法伤及树身。这种无望的劳作，使吴刚一筹莫展，从此便被永远地困留在月宫禁地。毛泽东《蝶恋花·答李淑一》词中有“借问吴刚何所有，吴刚捧出桂花酒”的名句。这段传说的确给桂花酒增添了几许让人羡慕不已的仙气。宋人钱易的《南部新书》记载，在杭州的灵隐寺中，生长着为数可观的桂树，闻名遐迩。有慕名者常来寺中游赏，纷纷称奇，不知是如何种植的。寺中僧人便解释说，此乃“月中种也，至今中夜往往子坠”，讲得十分玄妙。唐代诗人宋之问贬黜放还，行至江南，曾观游灵隐寺，大饱了一番得月宫之惠桂树的眼福，挥笔留下“桂子月中落，天香云外飘”的绝句，使这些桂树的灵光仙气越发浓郁起来。

重阳节饮酒

农历九月初九为重阳节。九属阳数，双九相叠，故称重九。按道教的说法，道教的祖师爷就诞生在这一天。重阳节有许多风俗，如《西京杂记》记载：“九月九日佩茱萸，食蓬饵，饮菊花酒，令人长寿。”从南朝人吴均《续齐谐记》所述的故事可以判断，大致从汉代开始，重阳九日携酒登高的习俗渐已定型。该书载，汝南人桓景曾跟随方士费长房在外游学，修习道术。有一天，费长房把桓景叫到跟前，告诉他已经算准，九月初九日，汝南一带要降临一场灾难，劝他赶紧收拾行装回家去，采些茱萸草，放进纱囊，系缚在

胳膊上，再泡些菊花酒，然后登山处高，等初九日过去，自可消除劫祸。桓景很相信师父的话，便连夜赶回家，带上全家老少跑到村外的大山上。第二天回至村中，果然发现满院的家禽牲畜都横尸暴死，无一幸存，不免有些伤心起来。师父听说后安慰他说："这只不过是家畜代人受过罢了，没什么值得惋惜的。"

故事里提到的菊酒，可以远溯到先秦的《离骚》，其中有"朝饮木兰之坠露兮，夕餐秋菊之落英"的句子。当时楚人肯定有食菊的风俗，至于是不是饮菊酒，还有待进一步考证。总之，具有多种药用价值的菊花因其傲寒耐霜的特性，逐渐成为诗人咏物明志的美好寄托。汉魏南北朝时期的士人们又常常把服食菊花与羽化成仙联系起来，菊花格外受到推崇。东晋诗人陶渊明对菊酒独有的衷情，可谓达到了前无古人，后无来者的地步。"正被绕篱荒菊笑，日斜还有白衣来"（唐·陆龟蒙《和袭美醉中以一壶见赠》）。诗人在得到了朋友托人送来的好酒之后，立刻联想起了陶潜重阳坐菊得酒的典故。南朝宋人檀道鸾的《续晋阳秋》记载：有一年重阳佳节，陶潜东篱采菊，一面采花，一面抚琴，一时兴起，忽发酒瘾，怎奈家徒四壁，囊中已无钱买酒。正惆怅间，忽见远处有一白衣人，携酒前来，恰如雪中送炭一般。待问方知是江州刺史王弘派出的送酒使者。陶潜喜不自胜，连忙开封快饮，不消一刻便酩酊大醉，卧倒在菊花丛中，后传为文坛一段佳话。李白在《九日登山》诗中直用此典，称"因招白衣人，笑酌黄花菊"，可算是陶潜的异代知音了。

通过对岁时节令所作的一番粗泛考察，我们可以感受到那酒液的芬芳在这一领域同样散发得浓郁沉厚。岁时节令的饮酒风俗不但融合了先民们在长期农耕实践活动中积累而得的经验知识，而且更容纳了在社会各个阶层多方参与下所形成的民俗心理和社会观念，进而构成了中华千载长盛的酒文化创新发展的重要基石。

第二节 古代饮酒的场所

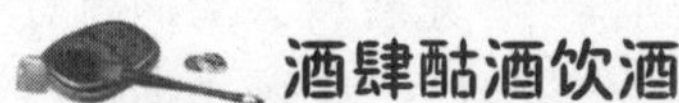

酒肆酤酒饮酒

酒肆又称酒家、酒楼、酒务儿、酒店、酒馆等，是历代酤酒（买卖酒）和饮酒的主要场所。据文献记载，早在春秋战国期间，就已经有了酒肆。

到了汉代，各地的酒肆有了长足的发展，已初具近代酒店的雏形了，即不但卖酒，而且酒店里设有座位招徕人们到此处饮酒。这一变化与汉代酒禁的松弛有着密切的关系。

到了唐代，酒肆已在全国城乡广为开设了，京城长安（今西安）和东都洛阳都有许许多多大小不一的酒肆。一些名气大的酒肆多为百尺高楼，门前悬挂着彩色的酒旗，里面有妙龄女子弹吹丝竹为豪门弟子送酒。

知识链接

韦应物《酒肆行》

豪家沽酒长安陌，

一旦起楼高百尺。
碧疏玲珑含春风，
银题彩帜邀上客。
回瞻丹凤阙，
直视乐游苑。
四方称赏名已高，
五陵车马无近远。
晴景悠扬三月天，
桃花飘俎柳垂筵。
繁丝急管一时合，
他垆邻肆何寂然。
主人无厌且专利，
百斛须臾一壶费。
初醲后薄为大偷，
饮者知名不知味。
深门潜酝客来稀，
终岁醇醲味不移。
长安酒徒空扰扰，
路傍过去那得知。

南宋时，此风在酒楼中更加盛行。《武林旧事》卷六有这样的记载：当时京城临安（杭州）有许多名酒楼（也称酒库），都有官伎数十名，“饮客登楼，则以名牌点唤侑樽（即陪酒），谓之‘点花牌’”，“每楼各分小阁十余，酒器悉用银，以竞华侈”。

元代人把酒肆叫作酒务儿。元代酒肆门口不悬挂酒旗而悬挂草荐。“曲律竿头悬草椁，绿杨影里拨琵琶。高阳公子休空过，不比寻常卖酒家”，草椁就是捆束在一起的禾秆。这种草椁就是酒招。

古代酒肆图

到了明代，酒肆越发繁荣，各种不同等级的酒肆分野越来越清楚。许多达官贵人开宴会往往选择高级酒楼。这些高级酒楼都有名人题字的匾额挂在门前，如福禄楼、会仙楼、泰和楼、丰乐楼等。这些酒楼门口有衣冠鲜丽的服务员招呼客人，酒楼内有美酒佳肴、歌伎舞女，还有专供文人墨客饮酒题诗的诗牌。这样的大酒楼多设在大城市里。

当时的酒肆已是人们社交活动的重要场所了。人们习惯到这里来谈生意、商量事情，甚至说媒看人也在这里进行。

清代的酒肆在明代基础上又有了发展，不但数量多，而且许多大酒楼还能摆设规模很大的酒宴。到了清末民初，许多西式餐馆酒吧也在大都市和沿海口岸设立了起来。

清初酒楼的这些特点到了清末已发生了变化，高级酒楼的经营业务主要是包办大型的宴会，吃寡酒者和买酒者便改到小酒馆里去了。

旅店饮酒

我国古代旅店有两种，一是官办的用来招待过往官员和信使的驿站、驿馆、馆驿等。这种旅店早在周代就已具雏形了。秦始皇统一中国后，在修筑

驿道的同时，以都城咸阳为中心，在全国各地沿驿道设立驿站，并制定了邮驿法令，此制度一直延续到清代光绪年间。这种官办的旅店备有酒库，供住宿者饮酒用。《唐语林》卷八记载了这样一件事：唐代江南一个驿馆的官员，以办事精明而著称。有一天，州刺史来检查驿馆，他向刺史汇报说，驿馆收拾理料得井井有条，请刺史大人过目。他先领着刺史来到酒库，酒库里存着许多酿熟的美酒，发出醉人的醇香。刺史看见酒库门上画着神像，就问这是何神？回答说是酒神杜康，为此他得到了刺史大人的赞赏。从这段记载上可知驿馆有酒库这一事实。但是这种备有多种佳酿的驿馆是不准平民百姓进入的，《唐律疏义》规定：私行人是不能进入驿馆的，否则便会受到责打四十大板的处罚。为此，便出现了民间旅店。

作为旅店第二种形式的民间旅店是在唐代中期出现的。据《通典》卷七记载：唐开元年间便有了“东至宋、汴，西至岐州，夹路列店肆待客，酒馔丰溢”的民间旅店。我国古代民间旅馆多设在水陆交通要冲处。如唐代河东诸州郡举子赴长安应试，都要路经山西永济县普救寺前的通京大道，故当时大道附近开设了不少民间旅店。另外在江河码头处也多开设旅店。张籍《宿江店》中这样写道：

野店临江浦，门前有橘花。
停灯待贾客，卖酒与渔家。

岑参在《邯郸客舍歌》一诗中写道：

客舍门临漳水边，
垂杨下系钓鱼船。
邯郸女儿夜沽酒，
对客挑灯夸数钱。
酩酊醉时日正午，
一曲狂歌垆上眠。

从以上诗句中可以得知，旅店在夜晚多挂灯笼为标志，这样便于旅客在远处就可以望见旅店。另外民间旅店夜间也卖酒，买酒者既有住店的旅客，也有从别处特地赶来买酒的渔夫，其生意做得很活。

旅店主人为了做好生意，很注意服务质量。《古今小说 · 小水湾天狐诒

书》中有一段店家周到服务的描写：旅客王臣来到一家旅店安歇，店主忙迎上前去，并吩咐店小二捧上香茶侍候。随后点上灯，引王臣到各房间看了一遍，选择了一间洁净的住室，将其行李放下。又把马匹牵到后边去喂料。收拾停当后，店小二进来询问："告长官，可知酒么?"王臣吩咐道："有好酒打两角，牛肉切一盘。"店小二端上酒肉后，又询问王臣想在何处饮酒。直到侍候客人满意为止。

家庭饮酒

家庭是人们经常饮酒的场所，除了各种类形的家宴外，亲朋聚饮、父子兄弟共饮、夫妻对酌和独酌小饮等多在家庭内进行。

朋友来访，亲戚登门，多设酒席招待，这样既尽了主人之道，又融洽了感情。"但问乐不乐，岂在钟鼓多。客告暮将归，主称日未斜。请客稍深酌，愿见朱颜酡。客知主意厚，分数随后加。堂上烛未秉，座中冠已峨。"（白居易《小庭亦有月》）可见，这样的家庭饮酒方式宜于尽情尽兴，远比将客人领到酒店里饮酒好。

父子、兄弟们饮酒也多在家中。《金瓶梅词话》卷一写了武松景阳岗打虎后来到哥哥家中，武大郎和潘金莲在家中备酒招待的情景：

武大便自去央了间壁王婆子来，安排端正，都拿上楼来，摆在桌子上，无非是些鱼肉果菜点心之类，随便烫上酒来。武大教妇人（潘金莲）坐了主位，武松对席，武大打横。三人坐下，把酒来斟。武大筛酒在各人面前，那妇人拿起酒来道："叔叔休怪，没甚管待，请杯儿水酒。"武松道："感谢嫂嫂，休这般说。"武大只顾上下筛酒，那里来管闲事。

嫂子主位和小叔子对饮，丈夫在一旁打横斟酒，这样的情景在酒肆里是见不到的，但在家中就显得不那么别扭。礼仪不必严守，酒菜不必丰盛，饮酒方式比较随便，这就是家庭饮酒的特点。

另外，夫妻之间的对酌和闲适独酌小饮也是家庭内饮酒的主要内容。从新婚夫妇饮合欢酒到日常的对酌小饮都是在家里进行的。绵绵情语，对酌小饮已成为夫妻（或夫妾）生活的一项内容，尤其在富贵人家，这项内容是经

常不断的。至于独酌小饮，更是家庭内饮酒最随便最常见的形式，不仅男性如此，就连一些少有机会饮酒的妇女偶尔也偷偷地独酌小饮。

在我国漫长的封建社会里，家庭妇女饮酒的场所基本上是限制在自己家里，酒肆、旅馆等公共场所是见不到妇女（歌伎舞女例外）饮酒的。

婚嫁饮酒

婚嫁往往是一个家庭诞生的重要标志。婚礼饮酒可上溯至西周时期。《礼记·昏义》已有“共牢而食，合卺而酳”的说法。这里的“共牢”，指的是在男方将新妇迎娶进门后，一起吃祭祀后的同一块肉，以此表示夫妻彼此的尊卑平等。“合卺”是指新婚夫妇各用一爿瓜瓢（古时用一个葫芦剖成两个小瓢来方便盛酒），饮酒漱口，以表示夫妻恩爱，共苦同甘。在早期规定中，饮酒的器具要四爵合卺，供男女双方各饮三次。前两次用爵，第三次才可用卺。“合卺”亦即“交杯酒”的由来。后来，人们开始以酒杯代替瓢，唐代又出现了“合欢杯”。宋时，喝“交杯酒”的习俗广泛流行于民间。当时，人们用彩线将两杯联系起来，对饮一杯，即称“交杯”。喝毕，要掷杯于地，如果是一仰一俯，便为大吉，象征阴阳调谐。不过“大吉”的情形并不是每一次都如人所愿，后来干脆空酒杯一仰一俯摆在床下面，以求吉祥如意。

在我国江浙地区，还长期流行着为女儿出嫁送陪嫁酒的习俗。据西晋人嵇含《南方草木状》记载：“南人有女数岁，即大酿酒……女将嫁，乃发陂取酒以供宾客，谓之‘女酒’，其味绝美。”看来从孩子出生开始，便着手进行这项颇有意义的工作了。有时在酒坛上雕饰有许多吉祥图案，所以又俗称“花雕”。待临女儿出嫁之日，酒坛方可启封；在送至夫家，举行婚礼之后，还要再次封藏起来，等结婚周期纪念的日子，再拿出来享用。因此，“女儿酒”被看成是夫妻恩爱美满的一个标志。至于生男之家，也往往需要酿制这样的酒，它有一个很好听的名字，叫“状元红”。

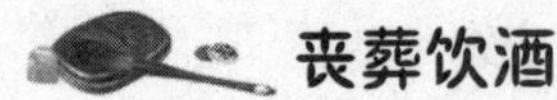

丧葬饮酒

与婚礼形成鲜明反差的活动则是祭奠和丧葬活动。一般来说，丧葬应该是比较严肃的事情，而在中国，这样的活动依然离不开酒。死者落葬七天，要送“满七酒”，每年的祭日要到坟上供奉祭酒。中国素有拜祭扫墓的习俗，特别是清明扫墓，它大概始于秦汉之际。宋人周密《武林旧事》载：“南北两山之间，车马纷然，而野祭者犹多……妇人泪妆素衣，提携儿子，酒壶肴垒。”明代刘侗的《帝京景物略》在描写当时北京清明扫墓情形时讲：“三月清明日，男女扫墓，担提樽木……哭罢，不归也，趋芳树，择园圃，列坐尽醉。”以酒行奠在扫墓中十分普遍。

“清明时节雨纷纷，路上行人欲断魂。借问酒家何处有，牧童遥指杏花村。”唐人杜牧的这首《清明》诗，可谓家喻户晓。无独有偶，宋代王禹偁《清明》也道：“无花无酒过清明，兴味萧然似野僧。”可见清明之际人们心中有些惆怅是很正常的事。但诗人是不耐寂寞的，所以最好的解脱莫过于那丝丝暖身醉心的酒意了。

宋代词人柳永一生与酒结下不解之缘，他仕途蹇困，落魄抑郁，不受统治集团的重视。但另一方面，这也为他接近下层人民提供了更多的机会。有人称“有井水处皆歌柳词”，即可说明他的词广为大众欢迎。由于他又很爱饮酒，常常是“拟把疏狂图一醉”，更不惜“忍把浮名‘换取’浅斟低唱”，用倚红偎翠、朝饮暮宴来冲抵自己内心深处的浪漫真情与现实政治之间的深刻矛盾，赢得了许多红颜知己的倾心仰慕。据说柳永最后穷困潦倒，客死襄阳，适时家徒四壁，一贫如洗。而那些沦落风尘的女子并没有忘记这位词人，她们凑钱将柳永入土安葬，并且相约每年的清明提樽携酒，来此祭奠洒扫。从此，清明节多了一个动人的名字——吊柳会。

宋代诗人高翥说得好：“南北山头多墓田，清明祭扫各纷然……人生有酒须当醉，一滴何曾到九泉。”

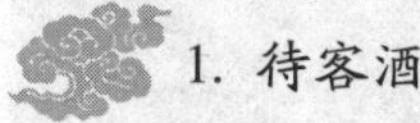

酒与少数民族

中国是一个多民族的国家，在长期的历史变迁过程中，各民族间相互交融，相互影响，相互渗透，共同创造了中华民族文化体系的丰富内涵。同样，在这个和睦团结的民族大家庭中，由于历史条件、地域环境、文化背景、生活经验诸方面的差异，每个成员在风俗习惯上也表现出自己独特的风格，体现着本民族生活的鲜明个性，其饮酒习俗的千姿百态，便是其中的一个重要方面。

1. 待客酒

热情好客是中国各民族所共同具有的一个优秀传统，而这种传统最直接最热情的表达方式，恰恰就是饮酒。

蒙古族因成吉思汗曾创建过蒙古汗国而闻名于世界，他们对酒的钟情也是举世公认的。蒙古族人待客通常用本民族特产的奶酒，即马可·波罗在他的游记中所提到的“马乳”，当时称“忽迷思”。敬酒时，主人将斟满奶酒的银碗托举在哈达上，恭敬地向客人连献三次。客人则要先以右手中指蘸上少许酒液，分别向上、向前、向下各弹一次，真诚地表达自己的敬意之后，才能饮享所献之酒。蒙古人还以醉客为尽兴之道，认为客人喝得酩酊大醉，才是对主人最好的回报。相反，如果客人干杯后，杯底总留有余酒，主人便会大为扫兴。不过，要是碰上不善饮的客人，主人也不会一味地为难。一般在敬酒三巡的过程中，客人可要接过酒杯，那样就必须饮尽杯中之酒，不出洋相才怪呢！

湖北长阳一带的土家族素以“咂酒”待客。据当地县志记载，土家人待客是将酒坛放置在桌子当中，把已通节的竹竿插进坛中，上席及两边各设一双筷子而不设座位，客人入屋分坐在堂屋左右。开饮时，由主妇先饮第一竿酒，然后将一碗开水倒入坛中，客人再上前依次就饮。前一位客人饮罢，用布巾擦拭一下竿口，让给后一位客人吸饮。每位客人饮后，主人都要注水于坛，如果不满或溢出，皆罚酒再吸。整个宴会显得十分热闹而有趣。据说这

独特的饮酒习俗

种习俗的源流甚为久远，许多古老的民族如彝族、苗族等都曾盛饮“咂酒”。这种酒又称“钓藤酒”，其酿制的方法一般是将原料放在容器中，经过加热、火烧或水煮的处理，待酒熟不再压榨和过滤，连同糟滓一块进饮。饮用时，把空心的藤管（也可用芦管、竹管等）插入器皿中，靠嘴吸取，这就是“钓藤酒”的由来，而“咂酒”之称则是取意于吸饮时的模拟声。

侗族人待客，总是先要请客人口尝甜酒。热天中用清泉泡过，美其名为“凉甜酒”；天冷的时候则以热水煮温，名为“热甜酒”。还有一种用包谷、小米等做原料酿成的甜酒，称“苦苦酒”，这是因为此酒味道清爽，甜中略带些苦，另有一番风味。另有一种“涝糟酒”，是在甜酒中加入食糖和凉开水，密封半月左右。因为这种酒度数不算高，比较适招待女宾。

2. 节俗酒

在中国各民族发展的历史长河中，既形成了许多广为认同的传统性节日，

又同时保留着大量的具有本民族特色的节日，成为民族文化中一个风格独具的分支。

中国古代一直都保留着正月晦日送穷的习俗，人们常在此辞旧迎新之际，拜祭火神，希望来年生活祥和如意。汉民族在腊月二十三规定祭灶，蒙古族则以此日为火日，摆放酒品，祭奠火神。每逢春节，蒙古族人还要举行隆重的祭祖仪式，他们将木觚挂在墙上，勾勒出祖先的形象，行祭时把酒和肉涂抹在受祭者的嘴边，越多越象征着祖宗享受得越圆满，将来注定会降赐福惠给大家。

生活在青藏高原的藏族人民最喜爱饮青稞酒，此酒色微黄，味酸甜，为藏族所特有的酒品。藏历每年七月六日至十二日，藏族人都要举办“沐浴节活动”。大家携带着青稞酒，三五成群地来到河边，一边沐浴，一边饮酒，十分尽兴。每年十月十五日为唐公主的生日。641 年松赞干布与唐朝联姻，文成公主入藏，为藏族的农业发展作出了重要贡献。因此这一天，藏族人民都要供奉松赞干布与文成公主的像，举行规模盛大的酒会，互敬青稞美酒，载歌载舞，热闹非凡。

满族人信仰萨满教。“萨满”即满语能道神语，神灵应验的意思。每到元日，满族人都兴高采烈地准备酒肉，纷纷设堂祭神。春秋两季还选择特定的日子进行祭祀活动，名为“跳神”。据《清宫遗闻》记载，每当祀神的前一天，宫中都命人在神房敬造旨酒，用黍米糟曲行酿，办法依照江南造酒的成例。满族入关前，行祭过程中还将酒灌进祭牲的耳朵里，如果祭牲的身体发生了摇动，则被认为是吉瑞的征兆。

这些绚丽多彩而又各具特色的饮酒方式，生动地反映了中华民族热情好客、热爱生活、勇于创造、勤于耕耘的优秀品质。

军中饮酒

军旅中平时是禁止饮酒的，以防因酒而贻误战机。历代文献中有很多凯旋之后犒赏三军将士的描述，这是军中将士们普遍饮酒的时候。

我国甘肃有一个叫“酒泉”的地方，此地名称的由来与军中饮酒有关。

醉卧沙场

据说西汉大将军霍去病在河西讨伐匈奴有功，汉武帝特地派人从长安送去一坛美酒赏赐霍将军。霍去病认为战功实际上是全军将士们浴血奋战而取得的，并非一个人的功劳。但是只有一坛酒，全军将士们一人一滴也分不过来，怎么办呢？后来霍去病想出这样一个办法来，他叫人把这坛御赐美酒全部倒在一眼泉水中，叫全军将士取而共饮，犒赏三军。后来人们为了纪念霍将军这一深得军心的行为，就把这眼泉称为“酒泉”，此地也因此泉而得名。

明代崇祯十四年（1641年）正月，李自成率农民起义军攻下洛阳，抓获了福王朱常洵。福王是个拥有土地二百万亩的贵族大地主，作恶多端，民愤极大。起义军在军营中置酒召开祝捷大会，将朱常洵身上的肉割下来杂以鹿肉烹熟，分给将士们佐酒。起义军将士们把这次酒宴称为“福禄酒”。

唐代诗人王翰曾作过这样一首久传不衰的军中饮酒诗《凉州词》：

葡萄美酒夜光杯，
欲饮琵琶马上催。
醉卧沙场君莫笑，
古来征战几人回？

作者用昂扬的笔调描写了军中将士的豪情，葡萄美酒，夜光玉杯，又有琵琶侑觞，将士们兴高采烈，尽情地纵情饮酒。虽说打了胜仗可以犒赏三军，纵情饮酒，但是这样的机会毕竟不多。一般来说，下级军官和士兵难得饮酒，其任务是浴血苦战。但是将帅们却不受此限制，常常日日饮酒，夜夜歌舞，借以应付军旅中的单调生活。宋代刘克庄《军中乐》一诗用讥讽的笔调写出了这样的诗句：

行营面面设刁斗，
帐门深深万人守。
将军贵重不据鞍，
夜夜发兵防隘口。
自言虏畏不敢犯，
射麋捕鹿来行酒。
更阑酒醒山月落，
彩缣百段支女乐。
谁知营中血战人，
无钱得合金疮药。

在重重设防的军帐里，将军醉酣，而血战后负伤的兵士们因缺少金疮药在流血呻吟。由此可见，将士们因身价不同，饮酒的机会是有很大差别的。

郊游饮酒

南朝以来，郊游饮酒之俗盛行。每当春暖花开之时，清明扫墓之机，人们便携酒带肴，或戏水欢宴，或花下对酌，尽醉尽欢。王仁裕在《开元天宝遗事》中有这样的记载："长安侠少，每至春时结朋联党，各置矮马，饰以锦鞯，并辔于花树下往来，使仆从执酒皿而随之，遇好囿则驻马而饮。""长安贵家子弟，每至春时游宴供帐于园圃中。随行载以油幕，或遇阴雨，以幕覆之，尽欢而散。""都人士女，每至正月半后，各乘车跨马，供帐于园圃或郊野中，为探春之宴。"

郊游饮酒之俗到了宋代以后更为普及。清明节时，开封郊外"四野如市"，人们群聚在树下或园亭之间，罗列杯盘，互相劝酬。庄绰在《鸡肋编》里写道，当时城市居民借扫墓之机，携带酒食春游。清代乾隆盛世，北京人在初夏之时，携酒到郊外公主坟一带饮宴，竟成了当时的一大盛况。清代人在诗文中是这样描述的：

公主坟前漾碧流，
花儿闸外荡轻舟。
都人雅慕江乡趣，
佳日良朋载酒游。

东便门外通惠河，即运粮河也。大通桥以下，凡有五闸。过庆丰闸至平津上闸，俗名花儿闸。其地有公主坟，对岸则平畴［旷］衍，［柳］树参差，水色明鲜，绿蒲映带，颇有江乡景趣。每逢初夏，都人耳慕，多作载酒之游，为“逛二闸”。

知识链接

茶肆中借座饮酒

南北朝时，江南已有煎茶售卖的茶肆。到了唐代，大江南北饮茶之风盛行，茶肆也在全国各地纷纷设立。茶肆内饮酒始于宋代，尤其以南宋时最盛，南宋都城临安（杭州），每逢春游季节，湖上有供应各种食品的买卖船，西湖岸上搭盖浮棚。游人们除了在游船上，野地里宴饮外，还到岸上的茶肆里饮酒，茶肆的老板也欢迎人们来饮酒，并顺便卖一些人们爱喝的名酒和简单的菜肴。因此，人们称到这里饮酒为“借座饮酒”。这一习俗形成后，历代皆有沿袭。直到今天，许多城镇的茶厅里还开设兼营卖酒菜的业务，借以招徕顾客。

除以上所介绍的饮酒场所外，还有一些场所在一定时间和范围内也饮酒，如宫廷内饮酒，游船内饮酒，寺院道观内饮酒等。

第三节 源远流长的酒文化

酒与离别

受中国传统文化浓厚的人伦色彩的熏染，文人们对于离别的伤感吟叹，历来都表现得十分强烈。以酒饯别、因酒怀人，更为这种黯然伤魂的情感体验增添了无穷的魅力。“韩侯出祖，出宿于屠。显父饯之，清酒百壶。”（《诗经·大雅·韩奕》）诗中描写的是周宣王时期，韩侯出行路祭，在途中休息时，显父来为他饯行而酌酒话别的情景。酒在其中烘托着一种隆重而热烈的气氛，堪称是中国早期文学作品中以酒咏别的滥觞。

“风吹柳花满店香，吴姬压酒唤客尝。金陵子弟来相送，欲行不行各尽觞。请君试问东流水，别意与之谁短长?”（李白《金陵酒肆留别》）诗人在此用欢聚相对分别，是满怀离绪的自然流露。“渭城朝雨浥轻尘，客舍青青柳色新。劝君更进一杯酒，西出阳关无故人。”（王维《送元二使安西》）酒的昂扬与将别的淡冷形成了一种明显的反差，酒既可以调解舒缓心绪上的忧伤感触，反过来又会加重这种感受的心理强度。双重的作用，造就了文人诗情的勃发。刘禹锡的《与歌者何戡》诗云：“旧人唯有何戡在，更与殷勤唱渭城。”白居易的《对酒》亦云：“相逢且莫推辞醉，听唱阳关第四声。”阳关古曲唱向安西僻壤，诗语中难免有几分凄切，盈樽一杯，把盏一醉，万般情怀尽付与无言的欢酌，故王维此诗一出，遂成天下文人咏别的千古绝唱。

“张帆欲去仍搔首，更醉君家酒。吟诗日日待春风，及至桃花开后却匆

匆。歌声频为行人咽，记著樽前雪。明朝酒醒大江流，满载一船离恨向衡州。”（宋·陈与义《虞美人》）此词特为饯别而作，序云：“大光祖席，醉中赋长短句。”主人席益，字大光，和作者系同乡，经常诗札往还，交谊甚厚。时值席益遭贬流寓衡山县，陈与义避金兵转走湖南，与之邂逅。按宋代规定，州郡长官设宴时，要有官伎侍陪，以歌舞助酒。然而此情此景，歌声凄婉动情，令人“且尽一樽，收泪听《阳关》”（苏轼《江城子·孤山竹阁送述古》），曲之动人，酒之醉人，都融进漫漫愁绪中。船载离恨，张帆欲去，自有“明朝酒醒”的空茫惆怅，不由得不感念万端。至于柳永那首著名的《雨霖铃》更是横空叹问：“今宵酒醒何处？杨柳岸，晓风残月。”酒醒便是意味着愁醒。从酌酒留欢，到问酒畏愁，意绪的跳动全系在一个“酒”字上，真是一叹三折，将艺术的感染力淋漓尽致地表现出来。

刘禹锡墓

酒与乡愁

中国传统的农业文明，养成了我们祖先安土重迁的生活性格，家庭在人们心目中占据了十分重要的位置。而乡愁意识也就往往表现为人生体验中最具深味、最动心怀的情感形式。

“天秋月又满，城阙夜千重。还作江南会，翻疑梦里逢。风枝惊暗鹊，露草覆寒蛩。羁旅长堪醉，相留畏晓钟。”（唐·戴叔伦《江乡故人偶集客舍》）

诗人曾饱尝羁旅生涯之苦，令他的情怀中带有一种仿佛天然的苍远寥落的气质。酒在离别和乡愁中，基本上是一种相同的作用模式，只是前者较为侧重于分别的双方在心理上的共鸣，后者则更多地具有孤寂的意味。

范仲淹青铜坐像

“碧云天，黄叶地，秋色连波，波上寒烟翠。山映斜阳天接水，芳草无情，更在斜阳外。黯乡魂，追旅思，夜夜除非，好梦留人睡。明月楼高休独倚，酒入愁肠，化作相思泪。”宋代范仲淹的这首《苏幕遮》即以“乡魂”“旅思”作为主题，写酒与愁的交会所滋生的情感波澜。作者在另一首词《御街行》中又云：“愁肠已断无由醉，酒未到，先成泪。”这份凄切便更递进一层，经过一番迂曲往复的纠结，心绪非但未曾得以解脱，反而陷入更深的痛楚悲凉之中。

文人乡愁的深曲蕴意，一方面是对家的缱绻怀念，另一方面也包括对国的深切留恋，尤其是在时局动荡的年代，这一点反映得更为强烈。宋代赵鼎的《满江红》云：“惨结秋阴，西风送、霏霏雨湿。凄望眼，征鸿几字，暮投沙碛。试问乡关何处是，水云浩荡迷南北。但一抹、寒青有无中，遥山色。天涯路，江上客。肠欲断，头应白。空搔首兴叹，暮年离拆。须言道消忧除是酒，奈酒行有尽情无极。便挽取，长江入樽罍，浇胸臆。”词作于高宗建炎元年（1127 年），同年徽、钦二宗被金人北掳而去，成为宋朝未雪之耻。国破家亡，词人心头难解的情结，在深秋的西风里无法自抑，除非真的能够让万里长江的滔滔巨流，化作汹涌酣畅的清醇，或许可将心底的郁结冲涤干净，

否则是“酒行有尽”，奈何此“情无极”。

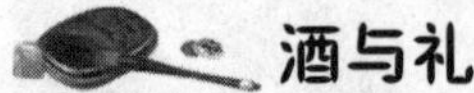

酒与礼

酒与礼的密不可分是中国酒文化的主要特点之一。“礼”在中国社会中占有十分重要的地位。礼起源于迷信祖先神灵和神化自然物为特点的原始宗教。它经过依靠神权来维持统治的殷礼和“经国家，定社稷，序民人，利后嗣”（《左传·隐公十一年》）为实质的周礼阶段后，随着“礼崩乐坏”，奴隶社会的终结，作为政治制度的“礼”终于给伦理道德范畴的“礼”让位了。在这之后的2000多年的封建社会中，伦理道德范畴的“礼”始终占有十分重要的地位。而具有某种神奇性的“酒”，始终与不同内涵的“礼”保持着密不可分的关系。正如明宣宗在《酒谕》中所下的定义：“非酒无以成礼”。

古代宴席饮酒图

前面已经介绍过了，酒出现在原始社会后期。在这时，大约酒已同别的美食一样，成为人们向鬼神进献的祭品了。《礼记》中有这样的推想："夫礼之初，始诸饮食，其燔黍，捭豚，污樽而抔饮，蒉桴而土鼓，犹若可以致其敬于鬼神。"在鼓声咚咚的原始乐舞中，人们把具有通神作用的酒和各种美食（火燔的黍米、加工好的猪肉等）献上，以表达对冥冥中的神灵所怀有的虔诚和崇拜的心情。

酗酒成风的殷商时代，奴隶主们祭祀之时也离不开酒，据甲骨文记载，有一次祭祀就用了上百卣酒。另外，殷墟卜辞中"礼"字的出现是商王直接利用宗教的礼为巩固自身统治服务的有力证明。据前人考证，甲骨文"礼"字的初文，其形状为两块玉放在器皿里，象征人向鬼神奉献。《说文解字》中"礼"字的解释为："履也，所以事神致福也，从示从豊"；又解释"豊"字为："行礼之器，从豆，象形"，这和甲骨文的字义完全一致。由"酉"和"豊"两部分组成的"醴"，正是殷商奴隶主们行祭祀礼时所用的甜酒。

到了"天之命民，作酒唯祀"的周朝，"酒洽百礼"的作用就更为突出了。在周礼中，几乎所有的礼仪都离不开酒。例如，诸侯朝见天子的觐礼，外交上礼尚往来的聘礼和飨礼，军事上起"备师尚礼"作用的大搜礼，同生产活动有关的藉礼，同教育活动有关的射礼，以及人生礼仪中的士冠礼、士昏礼和士丧礼等都离不开酒。并且根据不同的礼对所用的酒的规格（如五齐三酒）和数量都有明确的规定。

春秋战国时期，周礼已处于名存实亡的状态了。各诸侯国越礼用酒的事屡次发生，有时，诸侯在一些较随便的场合饮酒，想摆脱礼的束缚都很难。《晏子》和《韩诗外传》中都大同小异地记载了这样一件事：

有一次，齐景公乘着酒兴在酒宴上说："今天我想和诸位大夫们纵情酣饮，请大家不要拘于礼。"这时齐相晏婴马上进行规劝，但是齐景公不听。饮了一会酒，齐景公外出解手从晏婴身前走，晏婴不起身致礼，齐景公回来时从晏婴面前经过，他还是不起身致礼，对此，齐景公已有几分不快了。待到大家举杯饮酒时，晏婴不等齐景公先喝，便抢先喝了自己杯中的酒，对于晏婴一再违礼的做法，齐景公再也忍不住而大怒起来："晏子，你一向主张无礼不可。今寡人出

入你不起身，举杯时你又抢在寡人前喝酒，难道这就是礼吗?”晏婴连忙离席再拜，然后对齐景公说道：“晏婴怎敢违背君王在酒宴上所说的不需用礼的话。我刚才的举动是遵您的旨意而办的。君王如果真的想不拘礼的话，其后果必然这样，难道能说我无礼的做法不对吗?”齐景公于是恍然大悟，便请晏婴入席，然后按照君臣饮酒的礼仪，行三巡酒而结束了酒宴。

由此例可知，严格区分尊卑长幼的筵席之礼是很难打破的。齐景公所说的不用拘于礼的话只不过是酒席上的醉语而已，一旦别人真的不讲君臣之礼，他就难以接受。

我国历代的筵席之制，都是按照当时礼的具体精神而规定的。越礼而行酒饮酒不仅在官宴上不允许，就是在平民百姓的酒席上也是会遭到人们的指责或被罚酒的，这又从另一个侧面证明了酒与礼的不可分。

知识链接

名人与酒

张旭，苏州人，史称他生性嗜酒，每饮即醉，随之狂呼奔走，兴致酣畅，临纸挥毫，转瞬成书。其笔法雄放，气势如虹，开创了一代狂草之风，令人叹为奇观。杜甫又有诗称：“斯人已云亡，草圣秘难得；未知张王后，谁并百代则。”（《殿中杨监见示张旭草书图》）李颀在《赠张旭》中称赞道：“张公性嗜酒，豁达无所营。皓首穷草隶，时称太湖精。露顶据胡床，长叫三五声。兴来洒素壁，挥笔如流星。”大文豪韩愈对其墨迹也推崇备至，称“旭之书，变动犹鬼神，不可端倪”（《送高闲上人序》）。而其中酒对张旭书艺的影响作用，不容忽视。

焦遂，是一位风标特异的布衣名士，他不求功名，一生甘于寂寞淡处，不为仕途牵累。此人有个口吃的毛病，平素巧于藏拙，不太轻易在人前张

嘴，讷讷似不能言者。可是，一旦喝起酒来，立即判若两人，酒兴大畅时，更是口若悬河，语珠四射，高谈阔论，才华照人。杜甫夸赞他非到五斗不能见其才，饮过五斗反不见其乱。这种以酒彰显才气的方式，可以说是一种醇美酒境的艺术享受。

第四节 酒令趣话

骰子令

骰子令是古人常行的酒令之一，早在2000多年前就已开始流行。

在河北省满城县西汉中山靖王刘胜之妻窦绾墓中出土了一枚酒令铜骰。此骰共18面，其上分别以金银嵌出"一"至"十六"和"酒""骄"的字样。另外各面上还有以金丝错出的三角卷云纹，中心镶红玛瑙或绿松石，骰径2.2厘米。同时出土的还有40枚酒令铜钱，由此可见当时贵族中饮酒行令之风十分盛行。

魏晋以后，骰子多为六面，满城汉墓出土的这枚铜骰当是我们目前所能见到的最早的酒令铜骰。

酒骰是饮酒行令的娱酒之物。皇甫松《醉乡日月·骰子令》说："大凡初

筵，皆先用骰子。盖欲微醉，然后以礼入令。”作为饮酒行令的工具，骰子因其简单快捷，带有很大的偶然性，不需要什么技巧就能轻轻松松地活跃酒宴气氛，因此，古人常在酒宴上使用。白居易的“醉翻衫袖抛小令，笑掷骰盆呼大采”的诗句，就是描写的饮酒行骰令的情景。骰子的使用方法多种多样，名目繁多。

掷骰令：可用骰子一枚，有时也可用多枚，最多可达六枚。可依令限数或因人而定。掷骰行令时合席依次轮摇，多采用两种方法，一是用骰盒摇骰成采。二是将骰子投入骰盆内，骰停稳以后成采。以采点数论输赢，输者罚酒。

猜点令：行令方法比较简单方便，临席举一人为令官，然后令官将二枚骰子放入骰筒中，摇毕，让席中人猜数，猜不中者饮酒，猜中则由令官饮酒。

卖酒令：起令人用一巨杯斟满酒，自称卖酒人，席上每人面前置一小酒杯，以两枚骰子令全席轮摇，每有得“么”者，卖酒人即用手中的大酒杯将其人面前小杯斟满，令其饮酒，如此轮行一周之后，大酒杯中所余酒，不拘多少均由卖酒人自已喝。

六顺令：又称“六合同春令”。行此令的方法是，合席用一枚骰子轮摇，每一人一次摇六回，边摇边说令辞：“一摇自饮么，无么两邻挑”（得“么”自饮；无“么”则左右邻各饮半杯）、“二摇自饮两，无两敬席长”（得“二”自饮；无“二”则敬座中长者一杯）、“三摇自饮川，无川对面端”（得“三”自饮；无“三”则对座者饮一杯）、“四摇自饮红，无红奉主翁”（得“四”自饮；无“四”奉主人一杯）、“五摇自饮梅，无梅任我为”（得“五”自饮；无“五”掷者任指一人饮一杯）、“六摇自饮全，非全饮少年”（得“六”自饮；无“六”则由席间年纪最小者饮一杯）。

酒牌令

酒牌令是由古代的叶子戏发展演变而来，又叫“叶子”“叶子酒牌”。酒牌令是把古代著名的饮酒掌故书写在叶子上，在酒宴上行令。唐代诗人刘禹

锡等《春池泛舟联句》:“杯停新令举，诗动彩笺忙”，“彩笺”即叶子，说明唐代就已经开始使用叶子酒牌来饮酒行令。

除上述的“叶子”酒牌，还有专门用以行令的铜质的酒牌，其形似钱。今人金维坚曾在杭州、金华、缁兴等地收集到若干枚这类铜牌，其图像有“王母”“曼倩”“双成”“琴仙”“诗仙”“棋仙”“醉仙”“散仙”“拔宅仙”“壶中仙”等。这些铜牌有圆形和长方形两种。其中，以圆形居多，直径为30毫米左右，正面均铸有仙人图像，并注明仙人名号。背面则为一首五言绝句，诗文排成四行，一般首行与末行为四字，中、二行各为六字，但亦有每行五字排列的。长方形数量比较少，大小约为长35毫米，宽28毫米。正面有仙人像无文字，背面分为上下两格，上格较小，内有仙人名号，下格较大，上有五言诗一首，四行，每行五字。图文均为阳文。有的为了便于携带，往往在上面凿有小孔。

酒牌令兴起于唐，在宋元时期得到了长足的发展。元代曹绍所制作的《安雅堂觥律》，即是较早的比较系统的牌类酒令。此酒牌现存两种版本，均收在明刻的《说郛》中，皆以牌的形式刻印，共有100张，每张牌上，横书牌名，以古代著名酒掌故立名，下为牌名，右侧竖书五言诗一首，左侧书由此引申出的敬酒、劝酒的酒令约。行令方法：将牌扣置席间，临席指定从某人依次揭牌，然后按牌中所书行令，以牌中所注方法罚酒。

至明清时期，酒牌令因其雅俗咸宜、简便易行而盛极一时，流行于明代万历年间的《酣酣斋酒牌》，此后陈洪绶所刻的《水浒叶子》、以及《安雅堂觥律》，将复杂的牌式，化繁为简，颇受欢迎。

《酣酣斋酒牌》为流行于明代的一本酒牌令书。此书刻工极佳，是新安派版画中的精品。全套酒牌从“空汤瓶”至“无量数”共四十八张牌。行令方法是：将牌扣置桌上，行令者依次摸牌，每人每次揭取一张，然后按牌上所示令约、酒约行酒。

《水浒叶子》，是明代著名画家陈洪绶所制，据张岱《陶庵梦忆·卷六》说：“余友章侯，才足掞天，笔能泣鬼……画水浒四十八人，为孔嘉八十口计。”孔嘉姓周，是陈洪绶与张岱的好友，周孔嘉家里贫困，无力维持一家八

十口的生活，陈洪绶特为其制作这副酒牌，送给他，让他变卖以维持生计。这副牌刀法细腻，人物生动，形神俱佳，是我国古代版画中的上乘之作，全牌计四十张，每张牌上绘一名《水浒传》人物，旁边注明酒令、酒约，行令方法与《酣酣斋酒牌》大致相同。

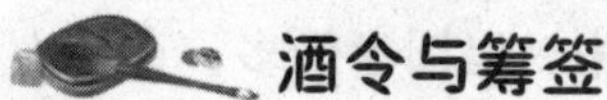

酒令与筹签

筹令的起源可以追溯到投壶游戏时代，那个时候的算筹，是后来筹令的来源。也正是从此意义上讲，才有将投壶作为酒令发展雏形的说法。最初的筹具只具有计数的简单功能，大约到了唐代，以象牙、兽骨、竹片等物制成的规格比较一致的酒筹开始盛行起来，在这些酒筹上面，连带着铭刻有词曲诗文或经书摘句，同时附注具体的行令规则，由此构成了一套十分完整的令辞。行令时，便以抽取筹签的方式，依据令辞中的内容，来安排行酒的事项。

1982 年初，江苏省丹阳县丁卯桥出土了一套 50 枚的唐代酒令筹，是迄今为止所发现的最早的筹令实物。这套令筹都是以《论语》为题作令，即首刻《论语》中一句，接刻酒约一则，酒约有“自饮”、“劝饮”、“处（受罚）”和“放（不罚）”四种。例如：

君子不重则不成——劝官高处十分
敏于事而慎于言——放
道不行乘桴浮于海——自饮十分
择其善者而从之——大器四十
后生可畏——少年处五分
唯酒无量不及乱——大户十分
出门如见大宾——劝主人五分
刑罚不中则民无所措手足——觥录事五分
不在其位不谋其事——录事五分
杀鸡焉用牛刀——劝律录事七分

这里所讲的“大器”“大户”，是指酒量相对出众的善饮之士；“录事”

酒令酒筹骨牌

“觥录事” 和 “律录事”，通指席间专司筹令者。

一般来说，酒筹行令在操作上十分便捷，筹签数量十余支至数十支，乃至上百支，多寡不等，增减随意。但是，酒筹在制作上却颇费周折。唐朝以后，筹签的令辞多采掇唐宋诗词中的文句，或者是古典文学名著、剧作的内容，精思巧构，妙趣横生，既有丰富的内涵，又具风趣的雅谑，成为酒令发展史上的名品大类。这里不妨选取数种，聊供玩赏。

名贤故事令，由 32 支筹签组成，内容是从古代历史中选出 32 位名人，将有关他们的典故刻于筹面，另拟一条相称的酒约。例如：

庄周和诙谐诞妄——说笑话者一杯

关尹喜望见紫云——吸烟者一杯

廉将军一饭三遗——告便者一杯

王羲之坦腹东床——未婚者一杯

陶渊明白衣送酒——白衣者一杯

薛仁贵箭定江山——习武者一杯

李青莲脱靴殿上——穿靴者一杯

欧阳公坐见朱衣——穿红色服者一杯

唐诗酒筹令，均选于唐人七言诗句，每句自为一筹，共有80筹，收于清人俞敦培的《酒令丛钞》中。例如：

人面不知何处去——须多者饮

人面桃花相映红——面红者饮

养在深闺人未识——初会者饮

千呼万唤始出来——后至者三杯

莫道人间总不知——惧内不认者饮

未知肝胆向谁是——有妾者饮

无人不道看花回——妻美者饮

一片冰心在玉壶——喜凉酒者饮

棋子酒令，以中国象棋的各子为题作令，针对每个棋子的名称，配以古诗一句，再斟酌出一种饮法。例如：

帅　中原将帅忆廉颇——年老者饮

仕　闻道班头名属君——座中女人饮

相　儿童相见不相识——生客饮

象　诗家气象贵雄浑——能诗者饮

车　停车坐爱枫林晚——面红者饮

马　洗眼上林看跃马——戴眼镜者饮

炮　炮车云起风欲作——起座者饮

兵　静洗甲兵常不用——脱衣者饮

《红楼梦》筹令，清人谭铁箫编制，其计筹百支，将《红楼梦》人物、《西厢记》曲文和行令饮酒的方法连贯起来。例如：

警幻仙姑 人间天上——学仙者饮

林黛玉 泪珠儿似露滴花梢——汗多者饮

元春 好事从天降——有喜庆事者饮

史湘云 口没遮拦——齿落者饮

王熙凤 天生是敢——打通关

秦可卿 梦儿相逢——久别重逢者饮

尤三姐 你休只因亲事胡扑俺——想娶妾者饮

刘姥姥 真是积世老婆婆——年长无须者饮

酒令与手势

手势令又称“拇战”“豁拳”，古已有之，只不过于今为烈，现在多以“划拳”名之。实际上，它由“猜枚”游戏转变而来。通常以二人相对出手，同时喝出双方所出指头的总和数目，以相符者为胜，负者自动罚酒。

手势令的成熟发展出现在唐朝，皇甫松在《醉乡日月》中特辟“手势”一节，来探讨手势令的奥妙。其称：大凡行令之际，脖子要如松柏样挺直，心神要如长江般澄静，胸膛要如猛虎样蹲踞，眼眸要像烈日般运动……将手势令的动作要领归结为端颈、凝神、扬臂、运眸、差指、柔腕、旋盏、飞袂 8 项内容。有人认为手势令的这种系统化总结，是得益于佛教手印实践的影响，也不无道理。

明朝袁福征曾撰《拇战谱》，将拇战比拟于交战对阵的军事活动，而且提出了一定的实战技巧。他分析：二人以拳交战行令，从第一拳开始，就应该认真揣摩对手出拳与众不同的地方，及早发现其特点。第二拳则要敢于验证自己的判断，并且尽量注意保持自身拳路上的隐蔽性。待三拳交毕，对方的拳路已了然于心，即使他变换花样，你也可以不变应万变，稳操胜券。至于观察对手拳路的具体方法，则可以从对方脸色变化的状态、吆喝出声的情形，或者是出拳的习惯性动作上入手，至于老对手，还可以从其性格特点方面寻找突破。如此看来，还真有些两军对垒，如临大敌的味道。

不过，古人拇战并不像现在有些地方那样，一味地山呼海叫，猛喊急喝。有时，考虑到酒宴气氛的和谐，也实行“哑战”。二人出手，不准张嘴，作声者要遭罚酒。又如一种“抬轿令”，规定三家出指，但皆不得出声，如果两家指数相同，是为“抬轿”，余者须饮酒。

在拇战中，出空心拳时称“元宝”，如果料定对方也出空拳，可喝“宝一对”，以求胜。凡一至十的数字皆有名目，如一品高升、哥俩好、三星高照、四喜临门、五经魁首、六六大顺、七巧成图、八匹马、九老高寿、十全十美。这些名目的称法，自古便十分复杂，多有出入，极难统一，此只能聊为一解而已。另外，有一种比较文雅的“三国拳令”，称为“单刀赴会、二嫂过关、三请诸葛、四辞徐庶、五关斩将、六出祁山、七擒孟获、八卦阵图、九发中原、十面埋伏”。

投壶

投壶是我国古代酒宴上宴饮娱乐角逐技艺的一种游戏活动，是由礼射演化而来的最古老的酒令之一。投壶时要求投者站在一定的距离外，将一支支矢投入特制的箭壶中，以投中数量的多寡决定胜负，负者则罚饮酒。《礼记·投壶》注：“投壶者，主人与客燕饮讲论才艺之礼也。”经过长期的演进，投壶技艺被纳入了“庙堂礼乐”之中，形成了一整套具有一定礼仪内涵的投壶礼。

主持投壶活动的叫“司射”。司射手中所持一木雕兽形盛器叫作“中”，内放算（也叫筹），是用竹木制成的长一尺二寸的小棒，用来统计投壶双方所投中的数目。《礼记》记载，“执八箅兴”，可知算筹共八根。投壶所用的矢，一般为柘木制成，一头削尖。三国魏人邯郸淳《投壶赋》说，“矢维二四”，即八根，分为三等，最长的矢为“九扶”（一扶等于四寸），最短的为“五扶”，居中的“七扶”，使用哪种矢，是根据投壶场地的大小及光线的强弱而定。投壶所用的壶，一般为铜质，叫作“箭壶”。邯郸淳《投壶赋》说，箭壶“厥高五尺”。《礼记》则说箭壶口径为两寸半，颈高七寸，腹深五寸，可

古代投壶图

“容斟五升外”。其实，不同时代和不同地域的箭壶，其尺寸、形制、质地都有所不同，不可一概而论。

投壶也有一定的程序和规则，首先由主人亲自捧矢邀请宾客参与投壶，宾主客套一番后，由司射“度壶”，即选择摆放箭壶的位置，一般情况下，箭壶要放置在筵席的南面，距筵席的距离，多以所用之矢长度的 2.5 倍为宜。箭壶摆放妥当，司射要宣布比赛规则，参加投壶的两人，要依次投矢，每人每次投一矢，不得连投，投中多者为胜，输者罚酒。比赛采取三局二胜制，矢的数量为八根，投壶双方每人各执四矢。

继而司射下令奏乐以烘托渲染酒宴气氛，第一遍音乐是投壶的序曲，使场上肃静；待第二遍乐曲终了，鼓声响起，便可举矢投壶，双方各投一矢，

然后奏乐击鼓，再进行第二轮比赛，如是四番，投进叫“中”，投不进叫“不中”，投壶毕，统计比赛结果，决出胜负，负者罚酒。

投壶始于何时，已不可详考，但至迟在春秋时期就已盛行于晋、齐等国。据《左传》记载，晋昭公即位之时，齐景公及各国诸侯前去祝贺，晋侯设宴招待，酒宴之上，晋昭公与齐景公进行了一场具有政治斗争性质的投壶比赛。

战国时期，投壶之风也很流行。《史记》就记载了齐威王与淳于髡谈论饮酒投壶的故事，投壶之俗在当时已是一种极受欢迎的酒令。

两汉时期投壶更为流行。《西京杂记》说，西汉初艺人郭舍人擅长投壶，投矢时能借助壶底的反弹力将矢反弹回来，用手接住，往复连投百余发，一时声名大振。每次为汉武帝表演投壶时，必得金帛赏赐。《东汉观记》说：东汉大将祭遵“取士皆用儒术，对酒设乐，常雅歌投壶”。

左思《吴都赋》说，三国时吴国都城“里燕巷饮，飞觞举白，翘关扛鼎，弁射壶博”，壶博即投壶六博。《晋阳秋》说，魏晋时有个叫王胡的人，能闭目投壶，百发百中。《晋书》说，西晋大富豪石崇家的女艺人，有隔屏风投壶的绝技。

唐宋以后，虽然随着各种雅令的兴起，投壶逐渐衰落，但仍有不少人醉心于此，其中也不乏技艺超群者，如唐人薛赉惑即能反身背投。直到明清，甚至到民国时期还有人参与投壶。

知识链接

雅令

中国古代的酒令历来名目纷繁，类别多样。俞敦培在《酒令丛钞》中将酒令归结为古、雅、通、筹四大门类，所辑令种多达300以上，汇集为

清末以前中国酒令发展的大成，虽难称完全合理，但大体上还是比较适用的。其中的“通令”一项，即包括了猜枚、划拳、掷骰等多种行令方式。这里特别值得注意的令种是“雅令”。俞氏将明代以前的酒令统归入“古令”范畴，而仅把清代的文字令划入了“雅令”行列，致使“古令”内容显得比较杂驳，是其局限性所在。

但从分类思想上看，“雅令”的提法，确有助于我们厘清酒令发展的历史脉络。

所谓雅令，也就是文字令，更确切地说应该是口头文字令。

其内容以历代无数文人的经手创造为主流，举凡各种口头文字游戏形式，诸如谜语对联、诗文词曲、拆字贯句、俗语俚谚、即兴连缀等，均被用作行令的格式。它不同于前面所介绍的各项令种那样，以借助某种道具为特征，必须经过一定的行为活动，才能达到行令劝酒的目的。

口头文字令则主要是以饮酒者彼此之间语言文辞上的对接续引为手段，通过各种约定的格式，调动参与者的文思敏才，具有很强的即兴性质，表现了行令者较高的文化素养和机智才能。

明清之际的黄周星在《酒社刍言》中称：“饮酒者，乃学问之事。”

可谓是对“雅令”最好的诠释。有鉴于此，历代文人对雅令都情有独钟，成为文人诗酒生涯中的一片独特领地。

第五节 饮酒方式

筵席、案几饮酒

今天我们仍习惯把参加酒宴称为“坐席”，这是从古代筵席制沿下来的习惯叫法。据文献所载，古代人饮酒是席地而坐的，“筵”和“席”都是铺在地上的坐具。“筵”一般是用蒲、苇等粗料编成的坐具，其面积比席大。“席”是用萑草等细料编成的坐具，面积小一些。古人把“筵”先铺在地上，再根据不同地位和身份加席。商周时筵席制度是严格的，越礼坐席是有罪的。《礼记·礼器》云：“天子之席五重，诸侯之席三重，大夫再重（二重）。”至于寻常人家在婚嫁、喜庆、款宾待客时在筵之上加一席就很体面了，故当时称参加酒宴为“坐席”。后来，人们在筵席边列案，将酒杯和下酒物摆在案几上，人则坐在席上，这种饮酒方式比古时在筵席上饮酒要方便进步得多了。但是筵席边列案只有天子、百官和年龄大的长者才能享用，身份低的卑者和年轻的人是不能用案几的。主人饮酒时，妻妾奴婢不能坐席，其任务是把盏斟酒和献食，在汉代画像砖上，可以看到这一场面。

大约到了汉末魏晋之时，筵席制又有了变化。普通人还沿袭着席地而坐的习惯，但是统治阶级、富贵人家除了席外，还使用一种专供坐用的家具——榻。这种榻很矮，腿粗短，有较大的承重能力。有两人坐的榻，也有专供一人独坐的榻，饮酒时与榻配套的是食案，食案比一般单人坐榻要小一

些，高一些。孟光对梁鸿“举案齐眉”，举的就是这种食案。辽阳棒台子二号汉魏壁画墓的宴饮图上，墓主人就是坐在单人小榻上凭案饮食的。

大约到了唐五代时，酒席的方式又发生了新的变化，逐渐由席地而坐（或坐榻）升高为坐椅、凳和高腿榻凭桌饮酒了。“筵席”二字虽还在继续沿用，但已发生了实质性变化，古代人坐席饮酒时那种“履舄交错”的不卫生的方式结束了。

发生这一变革的起因与胡床有密切的关系。胡床也称交床、绳床，直到今天仍在我国各地使用（北方人称它为“马扎子”）。它是一种可以折叠的轻便坐具。胡床是在汉末之时由西北域外的胡地传入的，故称为“胡床”。胡床传入后，当时主要在军中和宫廷内使用，到了隋唐时，已经普及到平民百姓家里了。在椅、凳等高腿坐具出现以前，胡床是最高的坐具。

唐代人有野地宴饮的风俗，外出时人们多喜欢带上轻便的胡床，由于坐胡床饮酒需要有高的案几放置酒菜，开始时人们往往临时用石块等物垫高案几，后来就有意识地加高案几腿，出现了高腿桌子的雏形。再后来为了室内饮酒方便，就做出了高腿椅凳和高腿桌子。唐末的墓葬内已发现雕刻在墓砖上的高腿椅子和长方桌子的模型。从长方桌子的造型上，我们可以看出案几（其面也是长方形）加高的影子。

唐代人饮酒时有拇战（今划拳的前身）的习俗，这与桌面升高，数人围桌宴饮的方式是相适应的。与此同时，衣冠之家宴饮还有一人一桌一椅的一席制，每人的席面上各置有酒具和菜馔。现以五代顾闳中的《韩熙载夜宴图》为例，画面上的家具有长桌、方桌、长凳、椭圆凳、扶手椅、靠背椅、圆几、大床（周围有屏风）等，其饮酒的方式基本属于一席制的。

八仙桌和圆桌饮酒

八仙桌出现得较晚，大约是明代。这种桌子以坐八人为宜，上下座区分严格。

大约在清代康熙到乾隆时出现了圆桌。这种新型的桌子自有其方便之处，

山西平遥古城上的八仙桌和椅子

三五人、七八人皆可围桌宴饮。如果此时有不速之客，便可加个座位一起宴饮，不像八仙桌那样有人数的限制。另外用圆桌饮宴还含有团圆之意。《红楼梦》第七十五回写贾母在凸碧山庄开设中秋赏月夜宴，就是特意用的圆桌：

凡桌椅形皆是圆的，特取团圆之意。上面居中贾母坐下，左边贾赦、贾珍、贾琏、贾蓉，右边贾政、宝玉、贾环、贾兰……迎春、探春、惜春。

一张圆桌坐十二人，这种长幼尊卑男女围坐合家欢式的饮酒方式在这以前的文献中是见不到的。大约在乾隆、嘉庆朝时，这种围圆桌饮酒的方式已在各阶层的家宴中推广开了，后来又传到酒楼之中。

需要指出的是，席地饮酒的方式在隋唐以后却以两种变异的形式保留到了今天。一是野宴饮酒，人们还使用着席垫一类的坐具，有的则干脆铺个小手帕坐在地上。二是北方人使用的炕桌，人们坐在炕席上，前面放张矮腿的炕桌，上面摆着酒食，供人们围着炕桌宴饮。炕桌在金代的墓葬中就已出现了，一直到今天北方人的家宴还往往采用围着炕桌饮酒的方式呢。

压酒与温酒

我国古代的酒大多是用酒曲加酿酒原料和水自然发酵酿成的低度米酒或果酒。酒酿熟后，除酒缸（或酒瓮等器具）上面有一层无渣滓的酒液可以直接饮用外，大量的酒液是和酒糟混在一起的，饮酒时须用酒笃插在酒瓮中压

取，这就是压酒。

酒笃是一种用竹篾或柳条等编织而成的有细孔的滤酒器具。皮日休在《酒笃》诗中是这样描述它的：

> 翠篾初织来，或如古鱼器。
> 新从山下买，静向甂中试。
> 轻可网金醅，疏能容玉蚁。
> 自此好成功，无贻我罍耻。

用这种形如古鱼（渔）器的酒笃压酒时，混在酒糟中的酒液便透过酒笃上众多的细孔渗入器内，然后再用酒杓或酒瓢盛出来饮用。

古代人在筵席上饮酒时，负责压酒的多由侍从担任。在家里饮酒时，多由妻妾晚辈压酒，但也有自压自饮的方式。而在酒肆里饮酒时，则由卖酒者压酒，“风吹柳花满店香，吴姬压酒唤客尝”是其生动的写照。

酒饮用前要温热。温酒的器具叫镳斗（酒铛、酒枪等），镳斗大多数做成三足有柄的形状。温酒时在镳斗下用火加热，盛在镳斗内的酒液便可温好，然后倒出来饮用。李白《襄阳歌》中提到的“力士铛”就是这种镳斗。近年来各地出土了许多古代的镳斗，绝大多数是铜制品，也有银和陶镳斗。1972年浙江定海出土了一件汉代青铜镳斗，其形状为盘口，直腹，平底。镳下面有三个马蹄形足，左侧有一个半圆形流，腹壁上有一个龙头把手。据测量，这只镳斗可温近市一斤半的酒，古诗文常提到的“龙头铛”就是指这种龙头把手的镳斗。

与压酒一样，温酒之事大多数由侍从或妻妾下人承担。

古人除了用镳斗温酒外，还用注碗烫酒。一般来说，饮用米酒（或黄酒）时多用镳斗温，饮用烈性白酒时，多用注碗烫。明清以后，人们习惯用锡制小酒壶放在盛热水的碗里烫白酒，这种烫酒的方式至今还在我国广大地区流行。

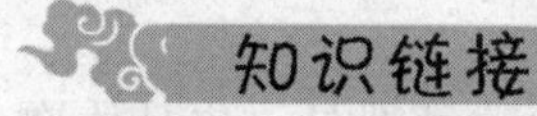

知识链接

巾漉酒、咂酒与滴淋

初熟酒在压取饮用时，酒液中常常浮着一些“酒蚁”，这是透过酒笃的细孔而进入酒液里的酒滓（酒糟的小颗粒）。古人饮这种酒之前，还往往要过滤一下。因使用葛布制成的头巾漉酒，所以称这种过滤后没有酒滓的清酒为“巾漉酒”。

巾漉酒相传始于晋代，陶渊明始创此法，所以人们又称巾漉酒为陶巾酒。脱巾漉酒从一个侧面反映了古代文人的一种放达的风尚。宋淳熙二年（1175年），范成大镇蜀，陆游被邀请到他的帅府去任参议官。陆游和范成大本是诗文之交，友谊颇深，因此，虽有上下僚属的关系，却不拘于礼套，这引起了同僚们的讥议。再加上陆游平日为人豪放且嗜酒，他的抗金复国的抱负以及个人的功名事业也长久得不到伸展，于是更加借酒浇愁，放浪形骸，常以“脱巾漉酒”为自得。这更加引起了周围同僚们的不满，说他“不拘礼法，持酒颓放”。于是诗人陆游索性自号“放翁”，以示针锋相对。

脱巾漉酒之举在后世流行，但大多已失去了本来的内涵了，成为人们的一种饮酒方式了。

我国少数民族盛行的咂酒之俗是集体饮酒的一种方式。这种集体饮酒方式可以追溯到原始社会集体劳动共同消费的生活原则。正如谚语所说的“有饭大家吃，有酒大家喝”。随着社会的发展，远古时人们集体劳动共同消费的方式发生了变化，酒作为商品在市场上买卖交换了。一些少数民族在这剧烈的社会变革的同时，还保存下来一些共同消费的残痕，“滴淋”这种尝酒饮酒的方式就是这些残痕的体现。据房千里《投荒杂录》所记，唐代岭南地区通行以瓮酿酒，用泥封瓮口的方式。酒熟后，除了自己饮用之外，

其他的酒便拿到市上出售。“沽者（买酒者）无能知美恶，就泥上钻小穴可容箸，以细筒（细竹管、钩藤管等）插穴中，沽者就吮筒上，以尝酒味。俗谓之滴淋。无赖小民空手入市，遍就酒家滴淋，皆言不中，取醉而返。”

图片授权

全景网

壹图网

中华图片图

林静文化摄影部

敬　启

参考书目

1. 马美惠．今朝放歌须纵酒——酒文化卷［M］．北京：工业大学出版社，2013.

2. 中华典藏精品毓．中华典藏精品——中华酒典［M］．黑龙江：科学技术出版社，2013.

3. 郭燕，王上嘉．一口气读懂中国酒文化［M］．北京：民主与建设出版社，2012.

4. 修文明，修雪松．中国古代玻璃鉴赏图录［M］．安徽：美术出版社，2010.

5. 胡建中，马季戈．觞咏抒怀——故宫博物院藏古代酒具［M］．北京：紫禁城出版社，2009.

6. 王念石．中国历代酒具鉴赏图典［M］．天津：古籍出版社，2009.

7. 张荣，故宫博物院．你应该知道的200件玻璃器［M］．北京：紫禁城出版社，2008.

8. 李争平．中国酒文化［M］．北京：时事出版社，2007.

9. 倪洪林．古代酒具鉴赏及收藏：中国民间收藏实用全书［M］．北京：北方文艺出版社，2005.

10. 黎福清．中国酒器文化［M］．江西：百花文艺出版社，2003.

11. 杜金鹏，焦天龙，杨哲峰．中国古代酒具［M］．上海：文化出版社，1998.

中国传统民俗文化丛书

一、古代人物系列（9 本）

1. 中国古代乞丐
2. 中国古代道士
3. 中国古代名帝
4. 中国古代名将
5. 中国古代名相
6. 中国古代文人
7. 中国古代高僧
8. 中国古代太监
9. 中国古代侠士

二、古代民俗系列（8 本）

1. 中国古代民俗
2. 中国古代玩具
3. 中国古代服饰
4. 中国古代丧葬
5. 中国古代节日
6. 中国古代面具
7. 中国古代祭祀
8. 中国古代剪纸

三、古代收藏系列（16 本）

1. 中国古代金银器
2. 中国古代漆器
3. 中国古代藏书
4. 中国古代石雕
5. 中国古代雕刻
6. 中国古代书法
7. 中国古代木雕
8. 中国古代玉器
9. 中国古代青铜器
10. 中国古代瓷器
11. 中国古代钱币
12. 中国古代酒具
13. 中国古代家具
14. 中国古代陶器
15. 中国古代年画
16. 中国古代砖雕

四、古代建筑系列（12 本）

1. 中国古代建筑
2. 中国古代城墙
3. 中国古代陵墓
4. 中国古代砖瓦
5. 中国古代桥梁
6. 中国古塔
7. 中国古镇
8. 中国古代楼阁
9. 中国古都
10. 中国古代长城
11. 中国古代宫殿
12. 中国古代寺庙

五、古代科学技术系列（14 本）

1. 中国古代科技
2. 中国古代农业
3. 中国古代水利
4. 中国古代医学
5. 中国古代版画
6. 中国古代养殖
7. 中国古代船舶
8. 中国古代兵器
9. 中国古代纺织与印染
10. 中国古代农具
11. 中国古代园艺
12. 中国古代天文历法
13. 中国古代印刷
14. 中国古代地理

六、古代政治经济制度系列（13 本）

1. 中国古代经济
2. 中国古代科举
3. 中国古代邮驿
4. 中国古代赋税
5. 中国古代关隘
6. 中国古代交通
7. 中国古代商号
8. 中国古代官制
9. 中国古代航海
10. 中国古代贸易
11. 中国古代军队
12. 中国古代法律
13. 中国古代战争

七、古代文化系列（17 本）

1. 中国古代婚姻
2. 中国古代武术
3. 中国古代城市
4. 中国古代教育
5. 中国古代家训
6. 中国古代书院
7. 中国古代典籍
8. 中国古代石窟
9. 中国古代战场
10. 中国古代礼仪
11. 中国古村落
12. 中国古代体育
13. 中国古代姓氏
14. 中国古代文房四宝
15. 中国古代饮食
16. 中国古代娱乐
17. 中国古代兵书

八、古代艺术系列（11 本）

1. 中国古代艺术
2. 中国古代戏曲
3. 中国古代绘画
4. 中国古代音乐
5. 中国古代文学
6. 中国古代乐器
7. 中国古代刺绣
8. 中国古代碑刻
9. 中国古代舞蹈
10. 中国古代篆刻
11. 中国古代杂技